朝日新書
Asahi Shinsho 576

ルポ 保健室

子どもの貧困・虐待・性のリアル

秋山千佳

朝日新聞出版

はじめに

ある中学校で、こんなひそひそ声が聞こえてきた。

A「きょう疲れてるんだー」
B「どうしたの?」
A「昨日、ネットで知り合った20代の友達と電話して、いろいろ相談したら心揺れちゃってさ」
B「えーっ、心配だよ、その人と会ったりしないか」
A「会わないよ」
B「女の人?」
A「男だよ」
B「危険だよ。何かあったらどうするの」
A「どっかのビルに登って飛び降りれば終わりだよ」

さて、あなたはこの会話の主をどう想像しただろう。一見すると仲のいい女子生徒同士のようではないだろうか。

正解は、Aは女子生徒だが、Bは女性の養護教諭だ。「保健室の先生」と言ったほうが一般的かもしれない。休み時間の保健室、他の生徒がいなくなったタイミングで女子生徒が養護教諭に切り出したのだった。

2010年の冬、私は保健室の取材を始めた直後に、この場面に遭遇した。へえ、思春期の子が学校の先生にここまであけすけに語るんだ、と新鮮な驚きを感じた。

この女子生徒は、教室ではとてもおとなしい子だった。養護教諭は「あの子は保健室では何でも話します。ダメなことを誰かにダメと言ってほしくて、ああいうことも言ってくるんです」と解説してくれた。

同じ頃、別の中学校の保健室では、「だるい」とやってきた女子生徒が机に突っ伏してこう叫ぶところに遭遇した。

「金さえあれば何でもできるんだよ」「あいつもしょせん金だけなんだよ」

この女子生徒は、出会い系サイトで知り合った18歳の男と付き合いはじめたが、その彼から「300万円必要なんだ。女なら簡単に稼げる方法がある」と言われたのだという。母親は若い男性と再婚したばかりで、家庭に彼女の居場所はないらしい。

女子生徒が教室に戻ると、養護教諭は「危ういから他の先生方にも情報を共有してアンテナを張らないと」と一人つぶやいた。自然な会話の流れから家庭環境や学校外のトラブルの話を引き出し、すぐに生徒を支える態勢を整えようとする手際のよさに、傍で感心するばかりだった。

今思えばこれらのエピソードは、保健室と子どもとの関わりのほんの入り口にすぎない。それでも、「保健室を取材すれば、いまどきの子どもの問題が見えてくるのではないか」という予感が確信に変わった。

それから各地の保健室に通えば通うほどに、当初の予想を絶するような事情を抱える子どもたちと出会うことになった。

特に、貧困は、どの保健室でもありふれたものだった。

無理もない。厚生労働省の2012年の調査によると、18歳未満の子どものおよそ6人に1人が、平均的な所得の半分を下回る世帯で暮らす貧困のさなかにあるのだ。

近年、「子どもの貧困」はもちろん、「児童虐待」や「いじめ自殺」など、子どもをめぐる深刻なキーワードがクローズアップされることが増えている。

だが子どもの立場からすると、彼らの苦しさは一つのキーワードだけでは言い表せない、いくつもの困難が絡みあった状態のことが多い。

虐待を例にとろう。鳫《がん》咲子・跡見女子大学准教授の研究では、児童相談所への虐待相談を分析したところ、「経済問題」「社会的孤立」「子どもまたは親の障害やDV」という困難のどれか、あるいはいくつかが重なっている事例が大半だった。この三つのいずれも絡んでいない虐待事例というのは、たったの3％しかなかったという。

現代の子どもの抱える苦しさを解きほぐしていくためには、まず子どもの置かれた状況を知る必要がある。

そのためにはどうしたらいいか。絶好の場所が、誰にとっても身近なところにある。

保健室だ。

問題を抱えた子どもたち自身が、保健室へと日々、自然に集まってくるからだ。

そもそも小中学校は、日本中のほぼすべての子どもが通う、子どもの一番身近な公的機関である。

そのなかで保健室は、子どもにとって大人から「成績で評価されない」「否定されることがない」貴重な場だ。

私の訪れた東京都内のある中学校では、生徒が自分たちの卒業アルバム用に「学校で好きな場所アンケート」を取ったところ、保健室とトイレの人気が突出していた。それだけ子どもにとって、自分の教室は緊張を強いられる場所といえる。

虐待などの事情を抱える子にとっては、家庭も教室以上に、気を抜けないだろう。それゆえ子どもたちは苦しいことがあると、安らぎを求めて保健室へ吸い寄せられる。

とはいえ、彼らは最初から自分の悩みを差し出すわけではない。

はじめは、保健室の主である養護教諭に対して、「お腹が痛い」「熱っぽい」というような体調不良を訴える。あるいはただ雑談する。

養護教諭は、そんな子たちが発するSOSの小さなサインに目を光らせる。そして他愛ない話から、彼らが抱え込んでいる悩みを探り、引き出していく。

海外にもいるスクールカウンセラーやスクールナースが、それぞれ「心」と「体」に特化しているのと異なり、養護教諭は心身両面の健康をカバーできる日本独自の職種であり、その手法もまた、日本の教育現場で独自に築かれてきた。

内面の言語化がまだおぼつかない子どもたちにとっては、頼もしい存在だ。
こうして保健室は、悩める子どもたちの居場所となっている。

しかし、保健室のドアの内側で子どもたちがどのように過ごし、語っているのか、それが彼らをどう救っているのかという肝心な点は、養護教諭以外には、ほとんど知られていないと言っていいだろう。

世間が知らないだけではない。教育現場でさえも無理解がある。

養護教諭は多くの学校で一人職だ。それゆえ、教職員内で「子どもを甘やかしている」「健康診断や応急処置をするくらいで、たいしたことをしていない」と偏見の目を向けられることがある。

あまりにもったいないことだ。保健室の機能がきちんと評価されていないということは、その機能に見合った活用も十分にされていないということだ。

もっとも、裏返せば、保健室のありようには伸びしろがあるということでもあろう。

考えてみれば、ちょっとしたケガの手当てや発熱など、保健室に一度も関わることなく大人になった人はほとんどいない。それだけに多くの人にとって親近感のわく場所ではあるのだが、年齢が高くなるほど、膝をすりむいた子が赤チンを塗ってもらうような、牧歌的なイメージを浮かべる傾向を感じる。

だが、保健室はもはや、昔ながらの空間ではない。その役割は時代を追うごとに重みを増している。

保健室の中でいま何が起こっているのかを知ってほしい。

本書では、それでなくとも問題の表出しがちな思春期にあたる、公立中学校の保健室を取り上げる。高校は義務教育ではないし、「退学」の制度もあることから、困難を抱える子どもを支えるには、中学が最後の砦となることも多い。

「理解不能」「問題児」と冷たい目で見られがちな子の背景にあるものは何なのか。そんな子と養護教諭とがどう向き合っているのか。

保健室を舞台に、現代の子どもたちが抱える困難を描き出していこうと思う。保健室が彼らを支える重要な場であり、彼らの困難を緩和するさらなる可能性を秘めているということを探っていきたい。

繰り返しになるが、保健室ほど、現代の子どもたちをとりまく問題を明瞭に見渡せる場所はない。

全国津々浦々どこにも必ずある中学校の保健室が、子どもたちを救う最前線として認識され、その力をさらに発揮できるようになることを願う。この社会はそれだけで今よりずっと良くなるはずだから。

※本文中の事例の登場人物は、「川中島の保健室」の白澤章子さんを除き仮名としている。

目次

はじめに　3

第1章　いまどきの保健室の光景　15

1　東京都内のA中学校の場合　17
マスクに依存する子どもたち／親の前では「いい子」
「はざま」の子／保健室から追い返したら行き場がない
来室ナンバーワンに虐待の影／ADHDと愛着障害
養護教諭の気づき／隠蔽されることが多い性的虐待
不登校の理由は「お母さんが心配だから」

2　大阪府内のB中学校の場合　43
病院にできなくて保健室にできること
家庭の味はインスタントラーメン／給食が命綱
「困ったらスマホ」で親に知られず緊急避妊

3　東京都内のC中学校の場合　57
保健室前で追い返す教師／居場所をなくして不登校になる生徒
先生にわかりにくいネットいじめ／困った子は困っている子

第2章　虐待の家から出されたSOS　69
あらゆる虐待を受けてきた女子生徒／この学校は保健室がないと回らない
無表情な女子生徒の1年以上にわたる様子見
保健室で噴出した密室の事実／児相の判断と「私のオアシス」
自立するしか道はない、が／生きててよかった
落とされた支援のバトン／社会から孤絶したその行く末
養護教諭の無念／保健室が育んだ「一生もの」

第3章　保健室登校から羽ばたく　115
処置台を覆う布／保健室は困った時に行くところ

突然の発作とリストカット／校舎から飛び降りかねないならどうするか
「こうしなきゃ」からの解放／「保健室のちゃぶ台」を囲んで
たくさんの手をかけるチーム支援／卒業目前の飛躍
思い描いた将来へ踏み出す／チームの進化と終焉／いつかは記憶に蓋をする

第4章　性はグラデーションなんだ　157
まちかど保健室に飾られた絵の由来／性教育の持つ力
本当は女性になりたかった／カミングアウトで始まったいじめ
3日間の保健室登校／父親への告白／将来への不安と「先輩」の言葉
偏見と闘っていく情熱／LGBTへの教師の無関心は悪意なき加害
生きてりゃいいさ／性のあり方は個性の一つ

第5章　変わりゆく子どもと保健室　203
養護とは、養護教諭の仕事とは？／養護教諭は日本独自の教育職
「学校の母性」にすがる子どもたち／親に迷惑をかけたくない

増える？　男子の来室者
ネット問題に消極的なベテラン、生徒対応が不安な若手
自助努力まかせでは「ハズレ」の養護教諭を減らせない
教師版スクールカーストは子どもの不利益に
スクールソーシャルワーカーとの連携で家庭支援
まちかど保健室を各市町村に／保健室は子どもを救う最前線

おわりに 250

参考文献 254

第1章

いまどきの保健室の光景

まずは、2015年8月から2016年3月の間に継続取材した3校の保健室の日常を紹介したい。

できるだけ普段どおりの様子に接するために、私は基本的に生徒には話しかけず、あくまで生徒と養護教諭とのやりとりの傍観者に徹した。生徒の背景については、生徒のいない時に養護教諭や他の教師から聞き取ったものだ。

うまくいくかなと思いながら取材を始めてみると、面白いもので、保健室にやってくる生徒の大半は私の存在を気にかけない。「透明人間みたいですねえ」と感心（?）してくれた養護教諭もいるほどだ。多くの子たちは養護教諭めがけて保健室へやってくるので、私など眼中にないのだろう。

そんなわけで遠慮なく彼らの話に耳を傾け、表情を見つめることができた。

最初に登場する東京のA中学とその次の大阪のB中学は、いずれも都心部からは少し離れた住宅地にある。全体的な学力は決して低くないし、学校が荒れているとの評判も聞こえてこない。とりたてて特徴がないという意味では、世間的には、普通の学校に見えるかもしれない。

ただ、保健室で個々の生徒を見てみれば、平穏とはほど遠い状況がそこにはある。

1　東京都内のA中学校の場合

マスクに依存する子どもたち

全校生徒約400人のこの中学校の保健室を仕切る高崎弘美先生は、50代のベテラン養護教諭だ。

養護教諭とは、養護教諭免許を取得した教員のこと。医師などと違って応急処置レベルを超えた医療行為は行わないが、医学や看護の知識や技能を持ち、子どもの健康問題に日常的に対応するため、主として保健室に常駐している。

高崎先生もその一人だ。いつも笑顔を絶やさず「どうしたー？」と生徒を迎え入れる姿は「学校のおっかさん」と表現したくなる。

その大らかさに「先生いつも暇なんでしょ」と軽口を叩く生徒もいるが、実際は始業から終業まで、トイレに1回駆け込む時間があるかないかというほどに慌ただしい。

とにかく休み時間になるたび、生徒がどっと押し寄せる。

「気持ち悪い」「体育でケガした」という子もいれば、「先生聞いてー、今日髪がサラサラなの」と鏡の前で髪をいじって去っていく女子や、身長計に群がって「やべえ、5ミリ伸びた」とはしゃぐ男子グループもいる。

たった10分の休み時間でも、生徒がまったく来ないことは珍しい。人数をカウントしてみようとして十を超えたあたりで収拾がつかなくなり、あきらめたこともあった。

そんななかでも、朝、目立つのが「マスクください」という声だ。登校時からマスクをしてきている子のほうが多いようだが、保健室で毎日もらっていく子もいる。

まだ夏休み気分を引きずった9月の暑い日、保健室の窓から校庭をふと見やると、体育の授業で走り高跳びをしている女子の実に3分の1がマスクをしていた。汗をかくだろうし息苦しくて邪魔じゃないかと、つい思ってしまう。

花粉症や風邪・インフルエンザの季節でもないのに……と不審に思うかもしれない。が、一年中マスクを手放せない「マスク依存」の子が少なからずいるのだ。

高崎先生にこの学校のマスク依存の状況を尋ねると、苦笑まじりの答えが返ってきた。

「卒業式でさえ取ろうとしない子が結構いるんですよ。保健室の常連の女の子でも、ある時マスクをせず話しかけてきて誰かわからなかったこともあったんです。素顔を知らなかったから」

こうしたマスク依存現象はこの学校に限ったことではない。

２０１１年の時点で「全国的に若者の間でこうした現象が見られる」として、私は同年1月19日付と2月17日付の朝日新聞で記事にした。２００９年の新型インフルエンザ騒動によってマスク着用が広まったことによる、置き土産のような現象だった。

竹内和雄・兵庫県立大学准教授が２０１６年、関西の公立小中学校に勤める養護教諭１６６人にアンケートを実施したところ、マスク依存の生徒が「いる」と答えた割合は、中学校では90・6％にものぼった。小学校でも56・9％とかなり衝撃的な数字だが、思春期に差しかかる高学年あたりから増えていくのだろう。

学校によっては「保健室でマスクを渡すのは熱がある場合のみ」といったルールを設けているところもある。取材した実感ではそちらのほうが多数派だ。

が、高崎先生は基本的に拒まない。

「物をあげることについて批判的な先生はいるし、養護教諭のなかでも賛否両論あります。でもこの学校の場合、家で買ってもらいなさいと言っても無理な子がいますから」

マスク依存現象にも貧困問題が潜んでいるというのだ。

この学区は、いわゆる貧困地域ではない。また、生徒たちの姿を眺めるだけでは特段心配になるような子もいない。

だが、家庭状況に目をこらせば、「立派な分譲マンションに住んでいる家庭もあれば、崩れ落ちそうな安アパートの家庭もある」。つまり貧富が混在しているのだ。

その差はわかりやすく学力差に直結しているという。さらに話題が合わないために、友人関係も分離していくという。

学校の管理職にマスク依存の多さを聞くと、「自信のなさの表れでしょう。顔をさらすのが怖いんでしょうね。育ちに由来して、自尊感情の低い子が多いと感じます」と分析してくれた。

「育ち」が指すのは、必ずしも貧困とイコールというわけではない。貧しくなくても、様々な理由から自信がなくてマスクで顔を覆う子はいる。

もっとも、そういう子はわざわざ登校時に顔をさらしたりせず、自宅から気に入ったものを装着してくることができる。

一方、登校してすぐ保健室にマスクをもらいに来るのは、貧困が絡んで自尊感情の低い子が多いようだ。

学校が格差を感じざるを得ない場になっている以上、家庭環境にハンデのある子にとっては、ただそこにいるだけでも相当のストレスがかかる。

顔を隠すな、自信を持てと言ったところで難しい。

親の前では「いい子」

貧困というのは、単純に経済的にマスクが買えないというだけではない。

高崎先生はむしろ、そもそも親にマスクを買ってほしいと言い出せない子が多いと感じているという。ただでさえ忙しい親をいらだたせたくないと気を遣っていたり、親の離婚・再婚などの事情で気兼ねして本音を出せずにいたりする、というのだ。

たとえばある日、1時間目の途中に「耳が痛い」と来室した1年男子がいた。問診や触診をした高崎先生が母親に何度か電話をかけるが、仕事中のようでつながらない。男子は「お母さんに帰ってくるなって絶対言われる」と暗い顔をしている。

この学校では、保健室で休めるのは基本的に1時間までで、それ以上治らない場合は保護者に連絡をとったうえで早退させることと決まっている。この男子も、耳鼻科で診てもらうために早退という方針になった。

しかし、母親から留守番電話の折り返しがなかなかない。男子はひたすら、高崎先生に話しかけつづけた。母親が弟ばかりをかわいがること、その弟に暴力を振るわれても我慢していることなど、家庭の不満は止まらない。

実は今朝もお腹が痛かったが、母親には言えなかった、とも話した。高崎先生が別の生徒に対応中の時は爪切りを借り、「大変、切りすぎちゃった」と気をひこうとする。愛情に飢えている様子が見てとれる。

結局、昼休みに仕事を抜けてきたのか、母親が保健室へ迎えにきたが、いらついた様子で「車で来てるんで」と言うと、挨拶もそこそこに男子を連れていった。男子は母親の姿を見たとたん、黙ってうつむいた。

高崎先生は見送ったあと、「彼はお母さんの前ではいい子でいないといけなくて、不満もここでしか言えないんでしょう」と言った。こういう子がとても多いのだ、とも。

確かに「お腹が痛い」が言えない間柄なら、「マスク買って」とも言えないだろう。

高崎先生は、マスクのことを「精神安定剤」と表現する。それが心の安定につながるなら、批判されようが物をあげるのも悪くない、と割り切っている。

「私は、保健室に来る子どもたちの多くが本当に欲しいのは物じゃないとも思っているんです。マスクはあくまできっかけで、本音を出す会話の糸口になればいい」

高崎先生のその言葉どおり、マスクを通して保健室とつながる「常連」がいる。

「はざま」の子

「おはよっす」

2時間目の途中、制服を着崩した3年男子が保健室のドアを開けた。

「おー、マキ君、いま来た?」

彼はうなずきながら、慣れた様子でマスクの入った箱に手を伸ばす。忘れ物を取りに一旦帰宅し、そのまま教室へ行かずに保健室へ来たのだという。それを聞きとった高崎先生は職員室へ校内電話をかけ、3年担当の教師に伝える。

電話の間、彼は「15分寝るわ」と言ってベッドに向かうも、すぐに出てきて水を飲んだり歩き回ったりしている。

この学校では、授業開始時に席に着いていない子がいれば、ただちに手の空いている教師たちが「捜索隊」を結成し、学校内外を捜しまわる。だから休み時間以外に保健室にいるような場合は、あらかじめ授業の担当教師などにサインしてもらう「連絡票」を持ってこないと、高崎先生がすぐに校内電話をかけることになる。

休み時間を過ぎても保健室に居座ろうとする子たちが、高崎先生の「電話、電話」というつぶやきを聞いて「マジ卑怯なんだけど」と毒づきながら退室することはしょっちゅうだ。

ただ、マキ君はちょっと特別だ。教師の言うことを聞いて教室に落ち着くことができないのだ。授業中でも突然ふらふらしだす。トイレや校舎の裏などどこへ行くかわからない。もちろん勉強どころではないから、学力もつかない。

ある時、保健室へやってきて、休み時間が終わる頃に「おれ帰るわ」と言って退室したことがあった。高崎先生は教室へ帰ったのだろうと安心していたら、そのまま学校からいなくなっていて大騒ぎになった。

担任が何度となく「何も言わないで帰ってはいけない」と言い聞かせてきたが、彼は常に無反応。なので教師陣が神経を尖らせ、彼の居場所把握に努めているのだ。

休み時間に担任に付き添われ、保健室へマスクをもらいにくることもよくある。高崎先生の言葉どおり、まさに「精神安定剤」がわりなのだ。

マスクを着けたはいいが、それでも不安定な様子で、保健室の椅子に腰かけ、同じ単語をつぶやき続けることがあった。授業開始のチャイムが鳴り、困り顔の担任だけが「迷惑かけんなよ」と言い残して退室していく。

そんな時、高崎先生はマキ君と何気ない言葉をかわす。「朝からいたのかい？」「いたよ」「おー、えらいえらい」といった具合に。そんなやりとりをするうちに落ち着き、教室へ戻っていく。

高崎先生は「彼みたいに、はざまの子は多いんです」と話す。「はざま」とは、障害があるのかはっきりしないが普通学級でうまくやっていけない子、という意味だという。

「はざまの子が一番かわいそうで、中学校で学力をつけられないまま高校に行って、結局は辞めちゃうのを見てきました。そうなると働くといってもアルバイトしかないし、そのアルバイトも続かなかったりする。彼もこの先が心配です」

保健室から追い返したら行き場がない

「帰りたい、帰らせてくれよー」

1時間目に「だるい」と来室した2年男子が大騒ぎしはじめた。車輪付きの丸椅子に座ったまままうろうろして、「屋上から飛び降りたい」「死にたい」と言い続けている。

休み時間になると担任に促されてしぶしぶ教室へ戻ったが、30分後には通学カバンを抱えて再びやってきた。担任から早退の許可を得たのだった。

「やっと帰れるよ。あー、地獄だった」「帰れて天国だな。でも家は牢獄だ」

そんなつぶやきを残して彼が去ると、高崎先生が耳打ちしてきた。

「あの子はテストがまったくの白紙なの」

つまりは、全教科0点ということだ。

血のつながっていない父親は「母親のしつけが悪い」「怠けている」と責め立てるらしい。牢獄という言葉は、この辺から出てきたようだ。母親は病院へ連れていったのだが、医師は一瞥しただけで「この子をおかしいと言う親がおかしい」と相手にしてくれなかったのだという。

高崎先生は言う。

「たぶん、テストの問題の意味が理解できないのでしょう。よく見れば自分の話したいことだけ話していて、受け答えがまったく噛み合っていないことも多いから。でもちょっと接しただけでは、学年で一番学力のある子よりも気がきくし、プライドが高い。だから周りに実力を知られたくなくて、できないのではなく書かないだけのように見せていると思えるんです」

ほら、さっきの子も……ともう一人挙げたのは、のどがかわいたと言ってやってきて高崎先生と二言三言かわした同学年の男子のことだった。良くも悪くも印象に残らないような普通の中学生だ。

「彼も、一見普通に会話ができている。でも校外学習の時におみやげは幾らまでと言われても、足し算がまったくできないから、欲しいものをどんどんカゴに入れちゃって、周りの子がフォローするしかなかった。英語にしてもアルファベットを覚えるどころじゃないし、高校に行ってもまずついていけないですよね」

彼らは勉強がつらくなると体の不調が表れ、保健室に避難する。マキ君は不調を訴えるかわりにマスクを取りにくる。

高崎先生は、保健室から追い返したら行き場がなくなってしまう子たちだと見ている。それは校内だけでなく、家庭や地域といった校外も含めてのことだ。

文科省が2012年に実施した調査によると、公立の小中学校の通常学級にいる児童生徒のうち、発達障害の可能性があり、特別な教育的支援を必要とする子の率は約6・5%だという。その中には彼らのように、そもそも保護者らが理解に努めないまま、宙ぶらりんになっている子もいるのだ。

高校受験が迫ると、マキ君はいっそう落ち着きをなくして教室に寄り付かなくなり、警察沙汰まで起こした。高校だったら即退学処分ものだ。父親は「どうせ言ってもわからない」と殴り、育児を投げだしかけているようだと漏れ伝わってきた。

マキ君にとって救いだったのは、保健室という避難場所があったことだろう。給食だけ食べにきて、保健室に顔を見せることが多かった。

やがて高校進学は決まったが、高崎先生は「きちんと行けるかな」と卒業まで心配していた。

来室ナンバーワンに虐待の影

初めてA中学校の保健室を訪れた日のことだ。

3時間目の前の休み時間、小柄な1年男子がドアを開けた。左脚を引きずって近づいてくると、椅子に座る私の腕にピタッとくっついた。そしてテーブルに「ポテト」と書かれた本が置いてあるのを手に取ると、ささやくような声で「おれ、ポテト嫌い、ポテチ好き」と話しかけてきたのだ。

これまでの保健室取材では「透明人間」状態だった私は虚をつかれた。

「ムラカミ君、どうした?」

高崎先生に声をかけられると、彼は「頭痛い」と答えて私から離れた。「じゃあ少し横になろうか。脚はどうなったかな」と高崎先生に促されて、ズボンの裾をまくると、脛に赤いやけど痕のようなものがちらっと見える。

彼がベッドで寝入ると、高崎先生は小声で教えてくれた。

「彼はね、人との距離感が独特なんです。男女関係なくどの先生にもベタベタ甘えるので、職員室では有名人です。愛着障害でしょうね」

愛着障害（反応性愛着障害）は、0～5歳の間に、母と子の愛着関係が定着しなかったことから引き起こされる障害のことだ。その影響は、感情面、行動面、思考面、人間関係、身体面、道徳面や倫理観……と多岐にわたる。

多動なので、発達障害の一つである「注意欠陥多動性障害」（ADHD）と誤って診断されることもある。管理職に聞くと、ムラカミ君の担任も、彼のことをADHDだととらえているらしい。

しかし、愛着障害がADHDと決定的に違うのは、普通の対人関係を築けないという点だ。簡単に説明すると、他者に対して安定した関係を持てずに無関心を示すことの多い「抑制型」と、他者に対して無差別的に薄い愛着を示す「脱抑制型」の2種類に分けられる。

ムラカミ君は言うまでもなく後者にあてはまる。大人には誰彼構わずまとわりつくのだが、同級生に友人らしい友人はいない。

実は、先に出てきたマキ君について、過去に接したスクールカウンセラーが「ぱっと見はADHDのように見えるけれども、実際は愛着障害じゃないか」と高崎先生に語っていたという。この場合は「抑制型」を念頭に置いていたのだろう。

数日後、私が保健室にいると、また彼がやってきた。相変わらず脚を引きずっているものの、「湿布貼って」と高崎先生に差し出したのは左腕だった。人目をひくほど大きな青あざがある。

「すべって後ろ向きに転んだ。痛いんだよ」

登校する前のケガのようだ。湿布を貼り、包帯を巻いてもらう。放課後にもやってきて、ほどけかかった包帯を巻き直してもらいながら高崎先生と話す。

「いま保健室によく来る人他にいる?」

「君がいまは1位だよ」

「やったー!　1位維持しようっと」

彼を見送ったあと、次々にケガをする子ですね、と高崎先生に尋ねた。

「脛のやけどは、お父さんのバイクの後部座席に乗ろうとしてマフラーにあたったと言っているんですけど、本当かどうかわかりません。かなり範囲が広いんですよ。腕のあざも、転んだ話がちょっと不自然で、暴力を受けたのかもしれません」

高崎先生は虐待の可能性を心配していた。

本人が保健室で語っていたことや教師に確認した内容をまとめると、彼は次のような家庭環境らしい。

10代で出産した若い母親は、何らかの病を抱えてよく寝込んでいて、家事ができない。父親が食事を用意するが、おかずは肉のみで、野菜はほとんど食べたことがないという。それで私に対しても「ポテト嫌い」と言ったのだろう。給食でも食べつけないものが大半で、小学6年生時点の体重は20kg台。同学年男子の全国平均である38・4kg（文部科学省「学校保健統計調査」平成26年度）に遠く及ばなかった。

本人いわく、保育園時代から、園や学校以外では起きている間じゅうゲームをしているという。日中は常に眠いが、夜になると目が冴えるのでなおさらゲームに没頭する、とも。

彼は来室数がナンバーワンなだけでなく、入学以来、ケガが絶えなかった。家で階段を踏み外したと言って松葉杖をついていた時期もある。顔には切ったような傷跡が残っている。

高崎先生は気がかりで、一度、彼を自宅まで送っていった。玄関まで着くと「ここで待ってて」と彼だけが自宅へ入った。ドアが小さく開いたと思ったら、母親が「どうも」と顔をのぞかせ、再びドアは閉まってしまった。家の様子はうかがい知れなかったという。

高崎先生は「いまどき、家庭訪問しても玄関に入れてもらえて立ち話できたら、それだけですごい。生徒の家庭の状況はわかるようでわからないことだらけです」とため息をついた。

ADHDと愛着障害

ムラカミ君と出会ってしばらくした頃、児童精神科医として名高い杉山登志郎氏の著書『子ども虐待という第四の発達障害』を読んでいて、ムラカミ君を思い出さずにはいられなかった。

愛着障害は必ずしも虐待と結びつくとは限らない。だが、虐待と関連するケースも多いという。同書から引用する。

「生後まもなくから極端なネグレクトの状態に置かれた子どもは、抑制型の臨床像をとることが多く、ネグレクトに加え、身体的な虐待、養育者が一定しないなど愛着の形成が部分的な成立のみの状態に置かれた子どもは脱抑制型をとることが多いと言われている」

先ほど書いた愛着障害の2パターン「抑制型」と「脱抑制型」は、虐待によって起こっている場合、前者はネグレクト、後者はネグレクトだけでなく暴力や生育環境の不安定さから生じるというのだ。

そして同書では、虐待に由来するADHDのような症状と、本来のADHDの見分け方が列挙されているのだが、そのADHD「のような」症状というのが、まるでムラカミ君のことが書かれているかのようなのだ。多動の生じ方にムラがあって不機嫌にふさぎ込む状態がある、夕方からハイテンションになり寝る前までそれが続く、対人関係の持ち方が逆説的で複雑、など……。

特に目が釘付けになったのは、最も大切な違いとされる次の記述だった。

「反応性愛着障害から引きつづき生じる多動の場合には、背後に解離性の意識障害が必ず存在する」

この一文で、保健室での光景が浮かんだ。

昼休み、ムラカミ君が保健室で休んでいた時のことだ。同じクラスの男子が、担任に言われて様子を見にきた。この男子というのが、きまってムラカミ君との連絡役を担任に仰せつかる子なのだが、双方とも「友達じゃない」と否定している。男子のほうはムラカミ君不在の折、高崎先生に「あいつ、何でもおれのせいにしてくる。パニックになって自分でペンを手にぶっ刺しといて、おれのせいにしてきた」などと愚痴をぶちまけていたこともあった。

この日、その男子が教室へ連れ戻そうとするも、ムラカミ君は「動けない」と言い張り、結局男子が教室から給食を運んでくることになった。

再び保健室に戻ってきた男子は苛立った様子で「殺す！」と言うと、ムラカミ君の前に給食をガシャンと置いた。

すると、それまで気分良く話し続けていたムラカミ君の意識が、突然もうろうとしはじめたのだ。目の前で見ていた私は、いきなり眠くなったのだろうかと戸惑った。

いま思えば、あれは体と心を引き離す「解離」の状態だったのではないか。同書のよくある解離の例にも、問題に直面した時に突如意識がもうろうとしてくることや、ささいなきっかけで激怒やパニックが生じて「キレる」ことが挙げられていた。なので、男子がぶちまけていた「パニックになってペンをぶっ刺しておれのせいにした」という状況も、その可能性がある。

養護教諭の気づき

後日、保健室に、いつものようにムラカミ君がやってきた。左足を引きずり「教室のドアで突き指した」と言う。家庭ではなく教室でのケガだったことに、胸をなでおろした。高崎先生にタオルで包んだアイスノンをあててもらいながら、ムラカミ君がおしゃべりしている。すると、欲しいものの話の流れから突然、思わぬ言葉が飛び出した。

「お父さんが、家を出たんだよね」

そこから堰を切ったように父親の話が出てきた。

実の父親は物心つく前に別れて顔も知らないこと。これまで何人も「お父さん」が変わってきたが、「この前までの人」は小学校中学年の時に突然家に現れたこと。最初は優しかったが、次第に自分や母親にイライラをぶつけるようになったこと、最近はまともに話もしていなかったこと……。

ひとしきり語ると、一息ついて「いなくなってホッとした」と言った。

彼は自分にぶつけられた「イライラ」の内容を語らなかったから、父親からの虐待があったのかどうかまではわからない。

ただ、緊張を強いられる状況が家庭にあったのは確かだろう。「ホッとした」の言葉どおり、緊張がほどけて、この話をしたくなったのかもしれない。

彼が保健室を出たあと、高崎先生と顔を見合わせてしまった。しばらくして、高崎先生が「実はこの前」と切り出した。

「ムラカミ君の目の前でハサミを取り出した時に、彼、不自然なくらいビクッとしたんです。気になって家庭科の先生に聞いたら、そういえば彼の裁縫箱にはハサミがないです、って。過去に何かあって、ハサミが怖いんでしょうね」

高崎先生は、彼が虐待由来の愛着障害だという見立てを持ち、じっくり接してきた。だからこそ、彼のハサミへの恐怖心に、反応することができたのだろう。

高崎先生は、話をこう結論づけた。

「やっぱり、虐待があったと思う」

保健室での高崎先生の気づきがなければ、彼は教師たちから、「注意されてもすぐハサミをなくすだらしない子」としか見られなかったかもしれない。しっかりしなさいと叱られることさえあっただろう。

実際、彼はこれまで周囲から「忘れ物や落とし物が多いやつ」「すぐさぼるやつ」と、冷ややかな目で見られてきた。担任はそれらの問題を、彼個人の資質によるものとして受け止めていた。

高崎先生が他の教師に、彼がハサミを怖がること、虐待の疑いがあることを共有することで、彼への見方や指導の仕方は大きく変わるだろう。さらに今後、彼に新たな虐待の芽がないか、多くの大人の目で見守ることができる。この意義は大きい。

一方で、課題も見えてきた。彼のケガは父親がいなくなったことで止まるかもしれないが、家庭環境は不安定なままだ。愛着障害も残る。

学校としては、彼への教育はできても、母親にじかに介入するのは難しい。

高崎先生は「学校と家庭を結ぶ存在がいてくれるといいですよね。この地域は、昔ながらのお節介なおばちゃんみたいな〝ご近所さん〟もないから」としみじみと言った。

隠蔽されることが多い性的虐待

養護教諭が虐待の可能性をつかむきっかけは、他にもいろいろある。

「今、とても気になる子がいるんです」

窓の外が真っ暗になった頃に、高崎先生が切り出したのは、1年女子のことだった。普段から保健室に顔を出す「常連」ではなく、私は会ったことがない。あどけない面立ちで活発な子だという。

話を聞いた数日前の昼休みのことだ。担任に付き添われて来室した彼女は、「背中にじんましんが出てかゆい」と言った。その日の給食に入っていた食材に、実はアレルギーがあるという。

急いで保護者に電話をしたが通じず、高崎先生はタクシーで一緒に自宅まで薬を取りにいった後、夕方まで保健室で休ませることになった。

二人きりで話をするうち、彼女は、実は背中は朝からかゆかった、と言い出した。どの辺がかゆいのかな、と尋ねた高崎先生に、彼女はシャツをまくって背中を見せた。

「下着のせいかもしれない。下着はお父さんが買ってくるんだ」

父親は母親の再婚相手で、レースやフリルのついたデザイン性の高い下着を買ってくるという。父親好みのものを身につけないと不機嫌になり、ズボンを着ていても「なんでスカートをはかないんだ」と咎められる。お酒が入ると母親にだけ暴力をふるう。近所の人が通報したのか、警察が何回か来たが、なだめるだけで帰っていったらしい。

彼女は他にも、「私が寝るまで立って見ている」「家に帰ってくると、私にチューしてくる」と語った。

驚きを表に出さないように彼女の話を聞いていた高崎先生は、そこまで聞くと、性的虐待の可能性に胸がざわめきたった。

２０１４年度に全国の児童相談所（児相）が対応した虐待のうち、性的虐待はわずか１・７％しかない。

ただ、実態はもっと多いと推測される。そもそも性的虐待は、虐待のなかでもとりわけ密室で行われる行為で、隠蔽されることが多い。さらに、児童養護施設に保護されるなどした後に判明した数は、この統計に反映されていないのだ。専門家によると、児相対応の事後に明らかになることのほうが圧倒的に多いものなのだという。

性的虐待があるとしたら、大変なことだ。

高崎先生はつい「チューって外国のあいさつみたいな感じかな」と、希望的観測を口にした。彼女は「あ、はい」と言うと、その話を止めてしまった。

子どもが安心して、打ち明け話ができる空気を醸成するのは難しい。その空気が破れるのもまた一瞬だ。

高崎先生は「困ったことがあったらいつでも、保健室か学年の先生に言ってね」と彼女に念を押し、その日の話は終えたという。

これから注意して接していくつもりだ、と高崎先生は言った。

不登校の理由は「お母さんが心配だから」

虐待が明らかでも、保健室ではどうにもできないケースもある。

「私も姿を見たのは3年間で3回だけです」と高崎先生が挙げたのは、ヤマモト君という不登校の3年男子のことだった。

小学校高学年からまったく学校に通わなくなっていて、中学校は入学式にさえ出席していない。母一人子一人の家庭で、母親はメンタルの疾患があり、生活保護を受給して暮らしている。親類とは絶縁状態で社会的に孤立しており、ヘルパーが掃除や通院をサポートしている状況だ。

学校としても手をこまねいてきたわけではない。元教師の学校ボランティアが訪問する。教室で勉強するのが難しいと言われれば、パソコンをしにきてみないかと声をかける。母親に「息子は太って制服のズボンが入らないから行けない」と渋られれば、管理職が大柄な卒業生に片っ端から声をかけ、無償で譲ってもらった。

高崎先生は、学校の健康診断を受けていないヤマモト君に、心電図をとりにいこうと誘い、地域の施設まで母子に同行したことがあった。

その道中のことが忘れられないという。

3人がバスに乗ると、母親は前方の一人席に座り、ヤマモト君と高崎先生は空いていた後部座席に座った。ところがすぐ、彼は立ち上がると、母親の元へ行き、横の通路にペタリと座り込んだのだ。

高崎先生は、あっけにとられて後ろから見つめるしかなかった。

「まるで幼児がお母さんの元を離れない感じ。くっついてジュースを飲んで、和気あいあいとおしゃべりして、バスの中でも二人だけ、まるでカプセルの中にいるようだった」と振り返る。

ヤマモト君は高崎先生にこう言ったという。

「お母さんが心配だから学校行ってる場合じゃない」

母親は、家にいても何にもできない時があるのだと高崎先生に説明した。大量の薬を服用し、体調には波があるという。息子が学校に行ってしまって、日中一人になるのは困るという本心を言外に匂わせていた。

ヤマモト君の言葉は、そんな母親の心理をくんで出てきたものだろう。

後日、母親は、粘りづよく働きかけていた学校ボランティアに対し、もう接触してこないでと拒絶の意を示した。高崎先生は「二人の世界に侵入されると思って怖くなっちゃったんでしょうね」と分析する。

母子の間に暴力はないし、差し迫った命の危険もない。ただ、いずれヤマモト君一人になった時に、母親以外の人間とほとんど接することなく生活し、社会性の身についていない彼は、果たしてどう生きていくというのだろう。

虐待の一種に、ネグレクト（育児放棄）がある。子どもが必要とするものを親が提供しないことだ。親の都合で学校に行かせないというのもまた、ネグレクトだ。

虐待が学校で発覚すると、児相へ通告したり子ども家庭支援センターへ相談したりすることになる。

しかし、それらの機関は、命の危険があるようなケースで手一杯となっている。ネグレクトはなかなか対応してもらえない。ヤマモト君のように一応の衣食住が事足りているならなおさらだ。

「ネグレクトは支援の網からこぼれ落ちる」というのは、高崎先生に限らず、行く先々の保健室で何度となく聞かされたことだった。

ヤマモト君の卒業が近づいてくると、母親は学校に、卒業させないでここに留まらせたいと伝えてきた。しかしそれはかなわない。

高崎先生は「ヤマモト君にはどういう支援が必要で、どうしてあげたらいいだろうと考えるんだけど、難しいです」と眉をひそめた。

不登校というと、子ども一人の心の問題のように捉えられがちだが、背景を見ると、親の状況を改善しないと打開できないケースがあることもまた忘れてはならないだろう。

2　大阪府内のB中学校の場合

病院にできなくて保健室にできること

B中学校は、全校生徒数が約３００人。この学校のベテラン教師によると「大阪府内の小学校で6年間を何のトラブルもなく過ごせた子のほうが珍しいだろう」といい、この学校でも、小学校時代に厳しい学級崩壊を経験してきた子たちがいる。そういう子のいる学年は、今もどことなく浮ついた空気が漂っている。

養護教諭は、森智子先生。50代になったばかりで、花を愛し、落ち着いた華やかさをまとった女性だ。一方で、保健室や職員室では、生徒や他の教師たちに言うべきことをひるまずに主張する。

そんな芯の強さが伝わるのだろう。この学校に転任してきて1年目とは思えないほど、森先生を慕って保健室を訪れる生徒は多い。もっとも森先生自身は、「養護教諭が誰であれ、生徒は保健室という場所が落ち着くから来るんですよ」と笑い飛ばすが。

朝、3年のホンゴウ君が保健室のドアを開け、顔だけ突き出した。

「おれ、タバコやめるわ」

それだけ宣言すると、去っていった。

森先生が「さっき校長が言っていた中の一人です」とささやく。

ちょうどその日、職員室の朝の打ち合わせで、喫煙している生徒がいるとの近隣住民からの目撃情報が増している、という話が出たばかりだった。職員室で名前が浮上しているのは3年生数人の「やんちゃグループ」で、彼もその一人であり、保健室の常連だという。

ホンゴウ君は学校内でも、保健室とそれ以外では顔つきが変わる。

もともと勉強が大嫌い。中学を卒業したら建設現場で働くと決めているので、なおさら教室に腰を据えていられない。教師に反抗的で、暴力をふるって大問題になったこともある。いわゆる問題行動だらけの生徒だ。

一方、保健室では穏やかな表情を見せる。

「普段迷惑かけてるから」と言って、森先生では届かないドア上の空気孔のほこりや、エアコンのフィルターの汚れを、丁寧に掃除する。森先生も、彼に充実感を持ってもらおうと、さりげなく健康診断の問診票を入れる封筒の仕分けをお願いしたりする。

彼にしたら、普段かけられることのない「ありがとう、助かったわ」の言葉を森先生からもらえるのも、作業の励みなのだろう。

さて、「禁煙宣言」にも森先生の反応が欲しかったのか、宣言後、保健室に顔をのぞかせて別の生徒がいるのを見ては去る、を繰り返す。

昼過ぎ、この日5回目の来室でやっと静かな保健室を確認すると、入り口近くのソファに横になり、「しんどい、やめるの早すぎたー」と大げさに悶えてみせた。

森先生は「いつ、どんなふうにやめるにしても大変なのは大変」と苦笑しながら、「しんどいのを乗り越えたら、あとは楽やから。お金も貯まるし」と励ます。

そして「禁煙しようと思ったきっかけは?」と聞いた。

「舌死んでいくんやろ? タバコ吸っていたら」と、ホンゴウ君が答案を確認するように言う。森先生がタバコの害を説いたことを覚えているよ、というアピールのようだ。

森先生はうなずきながら、「味覚やられるのは確かやし、いろんなところがガンになりやすいしね。舌が寂しくて何か食べてしまったり」と返す。

「おれ、いつもガム噛んでるもんなあ」

こうしてタバコの話題が済むと、連休に繁華街でデートしたことや将来のことをぽつりぽつりと話した。退室時には一言、「先生、ありがとう」。素直すぎて微笑ましいほどだ。

ホンゴウ君にとってこれほど素直な気持ちでいられる場だから、森先生の話が腑に落ち、禁煙しようという気持ちになったのかもしれない。すぐにすっぱり止められなかったとしても、森先生のメッセージが彼を応援していくことだろう。

森先生はこちらを振り返ると、「私、こういうことを伝えたくて養護教諭になったんですよ」とにっこりした。

森先生は高校卒業後、看護の専門学校へ進んだ。その実習の場で、医者にも看護師にもどうにもできないことがあると悟ったという。

それは、病人が抱える偏食や生活習慣の問題だった。なかでもタバコが一番深刻だと感じていたそうだ。禁煙治療が保険適用されていなかった時代だから尚のことだろう。

そこから森先生は大学に進み、養護教諭の免許を取得した。

「地域や血のつながりが昔のようにはいかない時代だから、健康についての知識のない子がどこで習うかといったら、学校しかない。病気になってから治すのではなく、病気を防ぐ力を育みたいんです」

森先生はそう力を込めた。

家庭の味はインスタントラーメン

貧困がもたらす生活習慣の問題が、保健室にもたらされることもある。

この学校の保健室は、校門と面している。秋、生徒の登校時間に、森先生と校門のそばに立っていると、周りより背の低い2年男子がはにかんだようにお辞儀してきた。

森先生は「おはよう」と声をかけ、彼が通り過ぎると、「あの子、カワノ君というんですけど、脂肪肝だったんです」と言った。慌てて二度見するも、肥満という印象はない。

「だいぶ引き締まったから。私がこの学校に来た頃は、ポチャポチャでしたよ」と森先生は言った。

脂肪肝とは読んで字のごとく、肝臓に中性脂肪が異常に蓄積した状態のことだ。お酒を飲む成人がなるイメージが一般的だろうが、子どもでも肥満の子はなりやすく、肝硬変になるリスクも高まるという（2015年9月24日、日本経済新聞電子版）。

森先生は着任した4月、内科検診のために各生徒の健康カルテを見ていて、カワノ君の保護者記入欄に「肝臓炎症あり」と書かれているのに目を止めた。母子家庭なので、母親が書いたものだろうが、詳しいことはわからない。

5月になり、カワノ君が「しんどい」と保健室にやってきて、森先生がここぞとばかりに肝臓のことを尋ねると、返ってきたのが脂肪肝という答えだった。

小学校中学年の時に診断されたが、近頃は病院に行っていないという。

脂肪肝は生活習慣病なので、生活を改めないことには改善が難しい。食事はどうしているの、と尋ねると、母親がうつ病で、食事を作れないことが多く、「インスタントラーメンばかり食べている」と話した。

母親の状態が悪い時には、近隣に住んでいる祖母が様子を見にくるようだ。が、祖母もなんらかの「しんどさ」を抱えているようで、あまり頼ることはできず、食事を買ってきてくれるとしてもやはりインスタントラーメンになるのだという。

カワノ君にとっての家庭の味は、まず第一にインスタントラーメンなのだ。それでは脂肪肝になるのも無理はない。

「それで、生活の様子を具体的に聞きながら、できそうなことを二人で見つけていきました」と森先生は振り返る。

どこでラーメンを買っているの、と聞くと、コンビニという。家の場所を尋ねると、森先生の知っているスーパーの近くだった。彼はいつも、そのスーパーの隣のコンビニで買い物をしていた。

「それなら距離は変わらへんから、買い物はスーパーにしようか。そこなら惣菜売り場に色々あって食事のバランスも良くなるし。飲み物もジュースはやめて、お茶かお水がいい。でも、どうしてもジュースが飲みたいなら野菜ジュースは苦手？」

「ううん、大丈夫」

「じゃあ野菜ジュースにしようか」

こんなふうに、料理ができない彼でもすぐに取り入れられる簡単な工夫を伝えていったという。

森先生は、そうそう、こんなことも言いましたと続けた。

「先生、いつも買い物するのが夜7時とかやねんけど、それくらいの時間に行くと安くなるよ」

その言葉に笑いながら、確かに大事な生活の知恵だなと感心させられた。

カワノ君は1年生の頃、身長140㎝台で、体重が50㎏を超えていた。それが森先生のアドバイスを受け、夏休み前には、体型の変化が目に見えて現れたという。

実は、彼は春の歯科検診では、片手では数え切れないほどの未治療の虫歯が確認されている。

彼の家は生活保護を受給しているから、医療費は本来無償のはずだ。それなのに肝臓も虫歯も放ったらかしになっていたのは、唯一の保護者である母親自身の病のつらさで、経済的な問題以前に、医療につながることができていなかったのだろう。

森先生は、小学校だったら親と関われないと改善が難しいけど、として言った。

「中学校なら、本人に働きかけて、自立させていくことができる。こうしたケースでは本人に生きる力をつけさせるしかないですし、その結果として、お母さんも少しは楽になりますから」

給食が命綱

家庭にインスタントラーメンさえないかもしれない、という子もいる。

別の2年男子は、保健室にはほとんど来ないということで私は会えていないが、顔写真を見るかぎり、ぱっちりした目のかわいらしい子だ。

しかし写真には写っていないその体は、身長が160㎝台なのに体重は40kgに満たないという。そして何より、臭いというのだ。

この学区は、古くからの住宅と新興住宅地が並存するベッドタウン。東京のA中学と同じように貧富が混在する。

とはいえ、目に見えて貧困を感じるような生徒は、彼の他にはいないという。

森先生がこの学校に来て、彼の第一印象は「人気の芸人さんみたいに髪が長かった」。が、ファッションではなく散髪できないだけなのは、そのべたつきからも明らかだった。

「担任の先生から、『周りの子が臭いと言っているけど伝えづらいので、保健室に来たら森先生からさりげなく言ってくれませんか』と言われたので、誰でも気づくほどなんでしょうね」と、森先生は言う。

結局、彼が保健室へ来たのは、体操服を忘れて借りにきた時くらい。体操服を借りたら、洗濯して返却する決まりになっている。

彼が後日、通学かばんから引っ張り出した服は、生乾きなのか、それとも洗わずに返そうとしているのか、判断できないような臭いがしたという。

着任まもない森先生は、「SOSを出したいことがあったらいつでも来てや」と声をかけて、様子を見ることにした。

しかし、ほどなくして、彼は欠席ぎみになっていった。自らに向けられる周囲の視線を感じないわけがない。彼にとって学校は居心地が悪いのだろう。

最近は、学校に来る日は、給食のタイミングでやってくるという。どうしてもお腹が空いた日の命綱となっているようだ。

府内の公立中学校の給食実施率は66・2%（大阪府教育委員会、2015年3月末現在）。全国だと87・9%となっている（文部科学省、2014年5月1日現在）。

給食のない地域の、命綱さえ持てない子どもの存在を想像すると、暗い気持ちになる。

「困ったらスマホ」で親に知られず緊急避妊

来室するどんな生徒の雑談でもよく出てくるのが、インターネット、とりわけスマートフォン（スマホ）にまつわる話だ。

スマホゲームに夢中な3年男子が「150万円くらい課金したし」とさらっと言った時には、聞いていて思わず硬直した。幸いこのケースは保護者や教師が把握し、対処していた。

ツイッターにはまっている3年女子が、「ダルマ」がどうだと言っているので、なんだろうと思っていると、両手足を切断された女性の話だった。こうした画像がツイッターで勝手に流れてくるのだという。

内閣府の2014年度の調査では、中学生の79・4％が家庭でインターネットを利用。利用者のうちの36・3％がスマホ経由だ。民間の調査だと、女子中学生のスマホ所有率が約7割というものもある。

中学生にとって、広い世界と容易につながることができるのは利点も多いが、放っておくと、危険を顧みずどんどん大人の目の届かないところへと踏み込んでいく。

「今の時代、子どもは困ったら大人に相談、じゃないんですよ。困ったらスマホ、なんです」

森先生が忘れられないエピソードとして挙げたのは、この学校に来る直前、同じ市内の前任校で直面した、生徒の性のトラブルだった。

　ある朝、登校したばかりの3年女子が「気持ち悪い」と保健室へやってきた。熱はなく、森先生が問診をしても原因は見当たらない。飲食したものを確認すると「薬を飲んだ」という答え。「家にあった薬?」「お母さんが出してくれたの?」と聞くと、首を横に振る。泣き出しそうになっていく彼女の様子に、養護教諭ならではの勘でピンときたのが、緊急避妊薬だった。

　彼女も、森先生が感づいたことを察したようで、経緯を打ち明けた。

　相手は同じクラスの男子で、付き合ってはいない。授業で仲良くなり、その延長で、男子が彼女の家へ遊びに来たという。彼女の両親は仕事で日中いない。そこで男子にお願いされ、断りきれずに、性交渉をしたということだった。

　避妊していないことに不安になった彼女は、高校生の姉に相談。姉の恋人が20歳だったので協力をお願いし、自らの恋人のふりをして病院に同行してもらったのだという。

　森先生はここまで回想し、言った。

「私、聞いたんですよ。お姉ちゃんはそういう時にどうすればいいか知ってたのって。そしたら『知らんかったけど、3人でスマホで調べた』って言うんです」

緊急避妊薬の存在も、近隣の病院も、すべてスマホで検索して得たばかりの情報だった。料金は姉の恋人が立て替え、こうして両親にばれることなく緊急避妊薬を入手したというのだった。

この後、森先生は本人のケアと並行して、校内や家庭への対処についても大いに悩みながら奔走することとなるのだが、長くなるのでここでは省略する。

ただ、その過程で森先生が持った実感だけは紹介しておきたい。

「これまでなら、妊娠したかもしれないとなったら絶対に保健室に相談せざるを得ない状況だったのが、スマホを使えば、自分たちで解決できてしまう。知らないのは私たち大人だけ、ということが恐らくいっぱいあるんだろうと思いましたね」

彼女の場合は運良く大事に至らなかったけれど、もし緊急避妊薬をエサに子どもを誘い込もうとする悪い大人がいたら……ということも、森先生は気がかりだと話していた。

このエピソードで仰天させられたことがもう一つある。

女子生徒は、「(相手の男子生徒と)もし面と向かって話して気まずくなったりしたら、卒業まで同じクラスで過ごすなんて無理」と言い張り、彼との事後の話は、すべてスマホのLINEを使った。

そして「一応ＬＩＮＥでごめんって言ってくれたし」ということで、学校では男子生徒と何事もなかったかのように接するようになったという。

彼女にとっては、顔を合わせて誠意を確認するよりも、スマホの画面越しに声さえ交わすことなくやりとりし、気まずさを回避するほうが優先すべきことだったのだ。

私の感覚からしたら、性交渉までしていながらリアルな話し合いを持たないことに、違和感を拭えなかった。それは対面でのコミュニケーションと、ネットを介してのそれとでは、重みが違うと考えるからだ。

でも、もしかしたら彼ら世代にとっては、スマホを使って誰も不愉快な思いをしないように事を運ぶことのほうが「常識的」な対応だった、とは考えられないだろうか。

むしろネットを介してのコミュニケーションのほうに重きを置く子なら、形式的に頭を下げられるより、ＬＩＮＥでの謝罪のほうが形に残るし意味がある、ととらえてもおかしくはない。実際、この彼女は普段から、友人付き合いにＬＩＮＥを多用していたという。

子どもの頃からネットやスマホと親しむ世代に、大人の常識は通用しないのかもしれない。もしこちらの常識を押し付けて頭ごなしに批判しようものなら、彼らは心を閉ざして、ますます「困ったらスマホ」に傾いていく可能性もある。

長らくこの仕事をしてきた森先生が「こんなふうに子どもたちの様子が変わってきたことが衝撃だった」と振り返ってくれた言葉が、重く響いた。

3　東京都内のC中学校の場合

保健室前で追い返す教師

全校生徒数約750人のこの学校は、地下鉄の最寄り駅から徒歩10分圏内で、都心のオフィス街へのアクセスの良さからマンションが増え続ける地域にある。

かつては学校が荒れていた時期もあったというが、近頃はすっかり落ち着き、生徒の学力向上に重きを置いているという。実際に、東京都の実施した学力調査では、すべての教科が平均点を上回っている。

保健室の主である本田ゆり先生は40代で、穏やかな話し方が安心感を与える、パステルカラーのエプロンの似合う養護教諭だ。きれいに整頓された保健室には、随所に人気キャラクターのぬいぐるみが置かれ、子どもたちを温かく迎える。

……はずなのだが、いつ訪れてもだいたい静かなのだ。来室者は1日に10人いるかどうか。ケガの応急処置か、気分不良で1時間ベッドで休むかが多いので、話し声が響くことはあまりない。本田先生も「1日の来室が15人を超えると、今日はいっぱい来たという感じですね」と話す。

生徒数はそれなりにいるのに、なぜこんなに保健室がしんとしているのか。

本田先生に尋ねると、学校全体として落ち着いていてトラブルが少ないこと、各学年に生徒の悩みを受け止めるような役割の教師がいるので、生徒が保健室に駆け込むまでもないことを挙げてくれた。

ただ、私にはどうもそれだけではないように思えることがあった。

「付き添いはいらないから帰りなさい！」

休み時間に、保健室前の廊下から、50代の女性教師の怒鳴り声が聞こえてきた。授業中でなくとも、気軽に保健室へ行くことは許されない雰囲気だ。

実際、他の学校では見られたような、休み時間を利用して雑談や相談をしにくる生徒がまったくいない。

このとき怒鳴っていた教師は、授業開始時に見当たらない生徒がいると、チャイムが鳴って1分もしないうちに保健室へ確認役の生徒を走らせていた。保健室への目があまりに厳しいからか、この教師の授業中に具合の悪くなった女子生徒が言い出せず、放課後に泣きながら来室したこともあった。

また、2学期になって間もない頃、登校して教室へ入ると気分が悪くなってしまう1年女子がいた。数日間は1時間目を保健室で過ごしていたが、ある朝、彼女の姿がなかった。後で本田先生に聞くと、本人はその日も保健室へ行くことを希望したが、50代の女性教師（保健室前で怒鳴っていた教師とは別人）が、「具合が悪いなら教室で寝ていていいから保健室へは行かないように」と言ったのだという。

「ベテランの先生は、保健室へ行かせたがらない人も多いんです」と本田先生は言う。保健室はサボりの温床、というとらえ方らしい。

これでは保健室へ行きたいと思っている生徒がいても、サボり予備軍と目をつけられる恐れがあるわけで、かなり心理的なハードルが高いだろう。

各教室には休み時間にも教師がいて、目を光らせているというから、行動の自由そのものがきかないというのも足枷になっているようだ。

居場所をなくして不登校になる生徒

それでもしばしば保健室へやってくる子が、わずかながらもいる。勉強も運動も苦手な、つまりは成績の良くない子たちだ。

4時間目が終わってすぐ、1年女子が険しい表情でドアを開けた。保健室の来室記録の「頭痛」と「気分不良」に丸をつける。熱はない。

「ちょっと休んでから給食たべようか?」と声をかける本田先生に対し、本人は「気持ち悪いし帰りたい」と頑なだ。本田先生が若い女性の担任に知らせに行く。すると、担任が保健室へ来て「今日の給食美味しそうだから行ってみよう」と明るく呼びかけ、うつむく彼女を連れて教室へ戻っていった。

昼休みが終わる頃、担任が再び保健室へ来た。本田先生と話しているなかで、「ウソ」という単語が耳に飛び込んできた。

実はこの前日、1年担当の教師の会議で、この女子生徒が「よくウソをつく」という話になったばかりだというのだ。これまで早退したがったのが、いずれも宿題が終わっていない日だったというのがその理由だった。

この学校で「ウソつき」という言葉を聞いたのは、彼女のことだけではない。

やはりよく早退したがる2年男子も、テストや宿題の出ているタイミングでそうなるので、学年の教師たちが口を揃えて「サボり」「ウソつき」と評しているという。

この男子は、やがて学校に来なくなり、しばらくするとフリースクールへと転校していった。

「保健室に来るのは先生たちからあまり良く思われていない子が多いですね」と、本田先生が言ったことがあった。

学年の相談役の教師に受け止めてもらえなかった子が、さらに保健室にも行ってはいけないと言われてしまったらどうなるのでしょう、と聞く。

「そういう子が不登校になっちゃうのかな」と、本田先生はつぶやいた。全校で20人ほど、多いクラスだと40人中3人が不登校だという。

この学校の学力調査の結果は優秀だ。勉強のできる子だけでなく、できない子の底上げにも力を注いでいるというから、教師たちの学力向上への熱意が大きく寄与しているのは確かだろう。

ただ留意する必要があるのは、この結果には、テストを受けることのできない不登校の子の存在が反映されていないということだ。

言うまでもないことだが、学校は勉強を学ぶだけの場ではない。人間関係を構築し、社会性を身につけ、小さくとも役割を得ることで自己肯定感を育んでいく場のはずだ。学校へ行けないということは、それらの学びの機会すべてを失うことでもある。

適応能力のある子にとっては、学力を伸ばしてくれる良い学校かもしれない。

しかし厳しい管理教育から落ちこぼれ、陰で教師たちに「ウソつき」とされ、保健室に居場所を求めることも許されずに姿を消していく子のことを思うと、学力調査の数字をもって「優れた学校」だと評する気に私はなれない。

先生にわかりにくいネットいじめ

ある日の昼休みが終わる頃、職員室へ行ったはずの本田先生が、男性教師らとともに保健室に駆け戻ってくるや、担架を担いで飛び出していった。

数分後、その担架で2年女子が運び込まれてきた。ベッドに移された彼女は息が荒く、意識があるのか傍目にわからない。本田先生が血圧や脈を測るうち、大きく上下していた肩の動きが治まってきた。他の教師らは「じゃあお願いします」と言うと退室した。

目を閉じたままの彼女に布団をかけた本田先生は、呆然と眺めていた私のそばに来ると「過呼吸で倒れたんです。彼女、時々あるんです」とささやいた。果たして40分ほどすると、彼女は起きてきて礼を言い、教室へ戻った。慣れた様子だ。

本田先生は「ハタさんというんですけど、真面目な子で。本人や親御さんは原因が思い当たらないというのだけど、がんばりすぎている面があるんじゃないかな」と言った。

その翌日のこと。まったく同じことが起こった。ハタさんと同じクラスのオオキさんという女子が過呼吸になり、保健室に担架で運び込まれたのだ。

「連動しているんですよね」と本田先生。過去の記録を見させてもらうと、ハタさんが過呼吸になった当日か翌日に、何度もオオキさんが続いている。「ハタさんが皆に心配されるのを見ると、オオキさんも気を引きたくなるのかな」と言う。

この二人、友人関係にあるわけではない。それどころか本田先生は、オオキさんがハタさんの悪口をLINEでばらまいているという相談を、別の生徒から受けたことがあるのだという。二人が1年生の頃のことだ。

ハタさんが学校を休んでいる日に来室したこの生徒は、オオキさんがクラスメートに「ハタさんはテストを受けたくないからずる休みしている」「ぶりっ子だ」などとLINE

で流しており、証拠の画像を撮ったと話した。ハタさんもそれらを認識していて、「学校へ行きたくない」と打ち明けられた、とも説明した。

本田先生がその生徒の了承を得て担任にも伝え、ハタさんと母親へ確認した。が、本人からいじめはないと否定されたため、その件は結局、うやむやなまま終わった。

いくら管理の厳しいこの学校でも、さすがにLINEまで監視することはできない。子どもたちだけの閉鎖された電子空間であるLINEで、もしいじめやトラブルが起こっていたとしても、当人たちが助けを求めないかぎり、教師が把握・対処する術はない。

ハタさんとオオキさんに表面上付き合いはなく、見えるのは、過呼吸の連動だけだ。

「実は、昨年度の卒業生に、ひどいネットいじめがあったんです」と、本田先生がその頃の記録を出しながら教えてくれた。

被害者のタケシタさんと、加害者のヤノさんは、3年で同じクラスになった女子だ。最初は仲良くしていたが、次第にヤノさんが他の女子たちに、タケシタさんの悪口を言いはじめた。いじめの発端はごく古典的なもので、ヤノさんの好きな男子がタケシタさんに話しかけるのが気に食わなかったらしい。

ヤノさんは、「スクールカースト」といわれる生徒同士の力関係で上位の子に働きかけ、クラスのＬＩＮＥグループからタケシタさんを外した。仮想空間の教室で仲間外れにするようなイメージだ。周囲には「あの子学校に来ないでほしい」と言っていたというから、不登校にすることを狙ってのいじめだったのだろう。

ヤノさんのネットいじめは、どんどんエスカレートしていく。不登校にならないタケシタさんに対し、他人のふりをした「なりすましメール」で直接攻撃に出たのだ。

裸の男女が抱き合っている画像にタケシタさんの顔写真を合成した、いわゆる「コラ画像」や、「死ね」「きもい」という言葉だけが延々書かれたメールを送りつづけた。他の生徒にも拡散していた可能性があるが、証拠はつかめなかったという。

タケシタさんは不安から携帯電話を手放せなくなり、睡眠障害に陥って、まともに通学できなくなってしまった。登校できた日でも、マスクを人前で外せなくなったことで、給食を教室で食べられなくなった。そんな流れから、３年になるまでは縁のなかった保健室へ来室する機会が増えた。

本田先生が事態を把握したのは、状況を見かねた同級生が本田先生に、ネットいじめがあることを打ち明けたからだった。

タケシタさんは本田先生の心配を、当初は「気にしていないし母親に言わないで」と突っぱねた。しかし、現に生活に支障が出ている。本田先生は半月かけてじっくり話をし、再度「あなたはどうしたいの？」と尋ねた。タケシタさんが改めて出した答えは、本人と話をしたい、ということだった。担任は、本田先生に対処を一任した。というより、ネットのことはよくわからないし丸投げした、というほうが正しいかもしれない。

こうして当事者二人と、仲介役の本田先生が、保健室に集まることとなった。

テーブルの一辺に並んで座ると、タケシタさんは「悪口の拡散はやめて」と思いをぶつけた。

しかし、ヤノさんは真面目に向き合おうとしない。

本田先生から、「タケシタさんの就職や結婚の時になって画像の影響が出たらどうするの？」「こんなことをされてどんな気持ちになるかわかる？」と尋ねても、ヤノさんは「私はされたことがないんでわかりません」とさらりと答える。

平行線をたどりかけた話し合いは、本田先生が二人の望むことを聞いたところで動いた。ヤノさんが「卒業までには仲直りしたい」と言ったのだ。「それなら今きちんと謝って」というタケシタさんに、ヤノさんは頭を下げた。ヤノさんは謝罪後、「楽になった」と涙を流した。

いじめ問題はこれで決着がつき、タケシタさんはその後、それまでより学校へ来られるようになっていった。

ヤノさんの後日談がある。

卒業間際のこと、ヤノさんが「母親に虐待された」と近所の人へ相談し、学校へ連れ立ってきたことがあったという。3年担当の教師が、公的な相談機関へと連絡した。

しかし、そのことを知った母親は「そんな事実はない」と激高。虐待の証拠もなく、結局は本人が訴えを取り下げたので、真相はわからない。たまたま不在だった本田先生は、後になってそのことを知らされた。

困った子は困っている子

養護教諭がよく口にする言葉に、「困った子は困っている子」というものがある。

教師からみて問題行動の多い「困った子」は、見方を変えると、様々な困難を抱えて助けを必要としている「困っている子」である、というような意味だ。

おそらくネットいじめにのめり込んだヤノさんも、「困っている子」の一人だったのではないか、と思う。

問題行動がネットの世界へ潜り込んでいくと、教師が「困っている子」を把握するのも、かつてのようにはいかない部分がある。

しかし、保健室が子どもにとって安心できる場であるかぎり、「困っている子」を発見する端緒は、子ども自身によって保健室にもたらされている。ヤノさんのネットいじめを見かねた同級生が、本田先生に相談したように。

子どものトラブルが見えづらいこの時代だからこそ、保健室は、誰にとっても開かれた場であり続けなくてはならない。それは子どもにとってはもちろん、子どもに手を差し伸べるべき教職員をはじめとする大人にとっても、だ。

*

保健室の日常を、私の目の当たりにした風景を中心に切り取り、つないできた。

第2〜4章では、3組の子どもと養護教諭との軌跡を掘り下げていく。3年間という在学期間のうちにどう関係を構築し、いかに子どもの生活に変化が生じたのか。さらには卒業後その子がどうなったかというところまで、より長期的な視点で追いかけてみよう。

第2章

虐待の家から出されたSOS

あらゆる虐待を受けてきた女子生徒

「さっき保健室に来ていた子たちの中に、例の、虐待を受けてきた女子がいたんです。他にも生徒がいたのでその場で言えなかったんですけど」

２０１１年2月の、梅の花がほころぶ頃。

東京東部の区立中学の保健室を初めて訪ねた私は、生徒の殺到した休み時間が過ぎた後、養護教諭の長谷川恵先生にそう切り出されて面食らった。「例の」というのは、その子に会いたくて取材をお願いしたからだ。

えっ、それらしき子なんていたかな、というのが率直な感想だった。取材ノートをめくりながら必死に思い返す。

「家も学校も楽しいことなんて何もない、って言って突っ伏していた子、ですか？」

「その子は違う子ですね。二人組で来ていたんですけど」

そう言われてみればいた。「湿布貼って」と来たはずなのに、付き添いの大柄な子に笑わせられ、抱きついてはしゃぐ小柄な子が。中学生にしては小さすぎる気がしてくる。

「ああ、あの小さな子ですか」

「いやー、その子と一緒に来ていた大きな子のほうです」

見事に予想が外れた。長谷川先生は苦笑しながら言った。

「わかりませんよね。あの子、相葉さんは、もし保健室で家のことを打ち明けていなかったら、性格はいいし、勉強は平均よりできないけど理解力はあるしで、そんなに問題があると思われずに卒業していった子だろうから」

虐待は見ようとしなければ見えないものだ、という当たり前のことを痛感する。見ようとした時に、安易な先入観を持ってはいけないということも。ケガした友達を笑わせるような明るい子は違うだろう、と思い込みがあったことは否めない。

これが、当時高校受験を控えた中学3年生の、相葉萌さんとの出会いだった。

児童虐待防止法は、児童虐待の定義として、身体的虐待、心理的虐待、性的虐待、ネグレクトという四つのタイプを示している。相葉さんは、それらすべてのタイプの虐待を経験している子だと、長谷川先生から聞いていた。

いうなれば「虐待の家」で暮らす子だ。にわかには信じたくないような気持ちと、そんな難しい背景を持つ子に保健室はどう関わっているんだろうという関心があった。

相葉さんには、受験が終わった後、家庭や保健室でのことについて、当事者として話をしてもらえないかと伝えると、「自分のことを話すのはあまり得意じゃないけど」とはにかみながらも了解してくれた。

相葉さんと、彼女を支える長谷川先生への長い取材がここから始まった。

この学校は保健室がないと回らない

相葉さんの話に入る前に、長谷川先生のことに触れておく必要があるだろう。

当時30代の長谷川先生は、おさげ姿が中学生以上にはまり、パタパタと校内を走り回る。白衣を着ていなければ生徒と同化しそうな雰囲気だ。そんな見た目のかわいらしさとは裏腹に、その手腕は他校の教師からも評判が伝わってくるほどだった。

2000年代前半に養護教諭になり、生徒数約700人のこの学校に着任した。学区にはひとり親家庭や複雑な事情を抱えた家庭が多く、就学援助を受けている世帯が3～4割にのぼる。就学援助は受けていないが、制服を買えない、修学旅行に行けないというような子もいた。

その頃の学校はとても荒れていた。喫煙にケンカ、窓ガラスが割られるといったことは日常茶飯事。保健室でも、包帯や体温計が盗まれたり、ベッドがぐちゃぐちゃにされたりすることから、管理職に「保健室閉鎖」を言い渡された時期もあった。

そんな新米教師時代に、今も忘れられない失敗をしたという。

ある時、休みがちな男子生徒が保健室にやってきた。長谷川先生は連日午後10時ごろまでの超過勤務に休日出勤まで重なる日々で、心の余裕を失っていた。

長谷川先生は、その子の顔を見て、つい「また？」と言ってしまった。

その瞬間、彼の顔はさっと曇った。そしてもう学校に来ることはなかった。謝りたくても二度と話すことはできない。後悔が心から消えることはなかった。

「思春期の子はものすごく敏感ですから。この時から、生徒に対しては大人に対する以上に自分の人間性を出すしかない、その時の精一杯の自分を出すしかないと、自らに言い聞かせるようになりました」と、長谷川先生は言う。

もう一つ、心がけるようになったことがある。問題ある生徒について、一人で抱え込まないようにしようということだ。

象徴的なのが、保健室で気になった生徒について箇条書きにしたレポートを毎週作成し、生徒指導の会議で配るようになったことだ。

「一人じゃこんなに大変だから助けて、とアピールしたくて」と笑うが、このレポートが保健室の多忙さを救うだけでなく、他の教師の生徒指導にも活かされることとなる。

長谷川先生にとって幸いだったのは、この学校に、家庭で寂しい思いをしている生徒たちに愛情をかけていこうという気風があったことだろう。

長谷川先生はその象徴的なエピソードとして、こんな話を挙げてくれた。

「『誰も知らない』って映画、ありましたよね。親が出ていってしまって子どもたちだけで暮らすという。あれと同じような状況になった男子が入学してきたんです」

『誰も知らない』（是枝裕和監督）は2004年公開の日本映画で、主演の柳楽優弥がカンヌ国際映画祭で史上最年少・日本人初の最優秀主演男優賞を獲得するなど、高い評価を得た。80年代に実際に起こったネグレクト事件を題材としている。

長谷川先生がこの映画のようだという男子は、小学生時代に親が蒸発。電気、ガス、水道が止められた家で、周囲の大人に気づかれず、中学生のきょうだいが公園の水を汲みにいくなどして生き延びた経験があった。やがて児相から連絡を受けたと思われる祖母に引き取られたものの、祖母も養育能力が乏しく、小学校から中学校には「グレています」と申し送りがあった。

彼を迎え入れるにあたり、管理職や学年主任は、「あの子には特別愛情をかけよう」と教師陣に呼びかけた。他の生徒や保護者から、えこひいきだと非難されるリスクを冒してでも、排除することがあってはならない、という覚悟だった。

「最初はその子、人間不信の塊でね。特に母親と同世代くらいの女性の先生だと、何て声をかけられても、死ねとしか答えない。授業妨害も大変だったみたいです。だけど、おれって愛されてるな、というのは感じていたんでしょうね。学校には絶対、休まずに来ました。来れば先生に構ってもらえるから」

長谷川先生は愛おしそうに振り返る。

保健室の常連でもあった彼は、長谷川先生の前でだけ幼児返りすることがあった。「ここが痛い、腫れているから見て」「おでこが熱い、触って」と甘え、長谷川先生もそのたびに「どれどれ」と触れていた。保健室では教室と違って素直に話すので、それが保健室レポートに反映され、他の先生にとっても貴重な情報源となった。

入学式では周囲をにらみつけてだるそうに立っていた彼は、こうして学校全体に支えられ、卒業式では顔を上げて背筋を伸ばして、社会へと巣立っていったという。

長谷川先生はこの男子のように大変な状況の生徒たちと向き合い、いつしか同僚たちから「この学校は保健室がないと回らない」と言われるまでになっていた。

この言葉が大げさでないのは、当時の在校生で、健康診断以外に保健室のお世話になったことのない生徒がたった一人だけだった、という事実が証明しているだろう。

無表情な女子生徒の1年以上にわたる様子見

そんな頃に入学してきたのが、相葉さんだった。

小学校からは、家庭が複雑という申し送りがあった。この学校では珍しくない。

入学早々の4月、ちょっとした事件が起こる。相葉さんが、早退届を保護者が書いたかのように「偽造」して2回早退していたことに、担任が気づいたのだ。

この話を知った長谷川先生は「ただのサボりじゃないかも」と直感した。というのも、「しんどい」と言って熱を測りにきた時の様子が引っかかっていたからだ。

入学したばかりの相葉さんは、まるで能面のように表情がなかった。

長谷川先生のかつての生徒の中にも、無表情な女子生徒がいた。その子は後に、父親からの身体的虐待で児相に保護された。

「その子の顔にアザがあった時、どうしたのと聞いたら、お父さんに殴られたけど私が悪かった、と言ってかばうんです。虐待だと言わないし、むしろ隠す。人に隠すなかで表情も失われていったんでしょうね。そういう経験があったので、相葉さんのことも気になったんです」

その後の相葉さんには特段の問題行動はなく、「たくさんいる気になる子の中の一人」という位置に落ち着いた。

ただ、保健室を訪れることはしばしばあった。表情なく、「だるい」「具合悪い」というような曖昧な体の不調を訴えた。長谷川先生は、今思うと、として言った。

「保健室に来て、他の子と接する私の様子をじーっと見ているだけということもありましたね。私が話を聞いてくれる人なのかを観察していたのかな」

相葉さん自身は、こう振り返る。

「あの頃は学校に行くのもだるかったからあまり覚えてないけど、1年の間は様子見していたのかな。2年になってからも、夏までは長谷川先生、忙しそうだったし」

健康診断などでせわしい時期には遠慮があったらしい。

保健室で噴出した密室の事実

相葉さんが2年の夏。ある日、保健室に来た彼女が、突然いらないプリントの裏に猛烈な勢いでこんな手紙を書き、さっと長谷川先生に渡していった。本人の許可を得て、長谷川先生から原文を見せてもらったので抜粋する。

「保健の先生へ。
相談があって、お手紙書きました。最近じつは、家のことで頭が変になっちゃいそうなんです。お母さんの様子が変なんです。例えば、仕事行くって言っては朝から夜までパチンコに行ったり、姉に働けって言ってお金をせびったりして、しかも家事を1つもしないでずっと『人間じゃない』とか『産まなきゃよかった』とかを沢山わたしと姉に言ってきます。もう頭がいっぱいいっぱいになって苦しくて、たまに息ができなくなって、目の前が真っ暗になって倒れたりしちゃいます。
毎日毎日が苦痛で仕方ないです。家に帰りたくないです。人間あつかいされたいです。もっとほめられてみたいのに、1つもほめてくれないのが、とても淋しいです。もう、あの人を殺してしまいたいです。どうすれば良いでしょうか。ほんとうに辛いです」

相葉さんは、長谷川先生と二人きりになった時に詳しい話をした。

「その話があまりにあまりで」と長谷川先生が言うほどに、相葉さんの家庭環境は、手紙の内容以上にすさまじいものだった。

相葉さんは父、母、姉の4人家族だ。

父親は中卒で、バブル期に事業を起こしたが、相葉さんが物心つく前に失敗して借金を背負った。友達もなく、社会的に孤立した彼は、酒に溺れるようになる。相葉さんの保育園時代には、酒に酔うと相葉さんを殴ったり蹴ったりするようになった。

相葉さんは小学生の頃のことをこう語る。

「父の機嫌を損ねないようにヘラヘラしていても、笑ってるんじゃねえ、って殴られるんです。でも泣くとまた殴られるので泣けない。とにかく怖かったから、今も男の人の大きな声は苦手」

父親は相葉さんが中学生になる前に、理由は後述するが、母親によって自宅の一室に閉じ込められるようになった。それによって身体的虐待は止んだが、断続的に働いて稼いだ金は酒に変わり、一つ屋根の下に暮らしながら子どもの面倒を見ない、むしろ子どもに自分の面倒を見させるというネグレクト状態になる。

一方、母親は外国出身で、裕福な家庭に育ったというが、仕事で来日した際に父親と知り合い結婚。相葉さんが小学生の頃から水商売を始めると、毎日泥酔しては、居間で吐いたり失禁したりする状態になった。相葉さんがその処理をしていたが、家の中は常に酒臭かった。

稼いだ金はギャンブルに使い、隣県に恋人をつくって、自宅へは1～2週間に1回しか戻らない。戻ってきた時に一家の生活費として1回2、3万円を渡すが、相葉さんの手紙にもあったように、子どもたちを一晩中でも罵倒する。

さらには「しつけ」と称して、竹の布団叩きやハンガーで殴打するという暴力もあった。何発にするかは自分で決めなければならず、「10発でお願いします」と言うと、「それじゃ足りねえだろ」と20発になったりもした。これについても、相葉さんは「声を出すともう一発増えるから歯を食いしばった」という。

母親からは、ネグレクトに加えて、心理的虐待や身体的虐待と言っていいだろう。

そして姉もまた、父母からの虐待を妹に繰り返すという、負の連鎖にあった。

相葉さんが小学生の時に中学生だった姉は、ある日、全身ゴミまみれの制服姿で帰宅し、玄関で泣き崩れた。そのとき初めて、姉が学校でいじめに遭っていることを相葉さんは知る。

姉は、「夜、お父さんに呼び出されて服を脱がされて体を触られる」とも相葉さんに告げた。母親のいない日に、酔った父親が繰り返していたらしい。

相葉さんは「でも今思うと、それって当時そのまま、私がお姉ちゃんにされていたことだったんですよ」と話す。

性的虐待は、性的欲求による行為だと思われがちだ。しかし実際は、社会生活での無力感を埋め合わせるための「支配欲求」が、主な欲求であるケースが多いとされる。

一家の無力感は、父から姉、姉から妹へと、より弱いほうへ押し付けられていた。

この時、父親の行為は母親の知るところとなったが、母親は「子どもの成長を見るためだ」と、虐待ではないと言い張った。しかし、母親は学生時代に格闘技の有力選手だったほどで、腕力でも父親に勝っていた。後に、父親は自宅内で一人だけ個室に隔離されることとなった。父親もそれに従った。

姉は当時の虐待やいじめのストレスが響き、高校時代に養護教諭に付き添われて病院へ行った際、ＰＴＳＤ（心的外傷後ストレス障害）と診断された。この時の病院代は養護教諭が全額立て替えており、その後は通院していない。

妹に対して、「私のこと頭がおかしいと思ってるんだろ」「態度が気に食わない」「誰もあんたに期待してないから」などと毎日、何時間でも罵倒した。母親の置いていく金も勝手に使ってしまう。口答えをすると、さらに罵倒されたりせっかく買ってきた食べ物を投げつけられたりするので、「ごめんなさい」と言って耐えるしかなかった。

相葉さんは、これらのことを長谷川先生にいっぺんに話しきったわけではない。相葉さんの手紙に「保健の先生へ」とあったように、相葉さんから見て、長谷川先生はまだ名前で呼ぶ相手でさえなかった。この日をきっかけに、少しずつ、家庭という密室での事実について口を開いていったのだ。

なぜこの日まで相葉さんが声を上げなかったのか。

相葉さんは「誰にも知られたくなかったから」と言った。

中学生になる前は、よそを知らずにこれが当たり前の家庭だと思っていた。

そして中学生になってからは「知られてどうにかなるとも思ってなかった」と、はなから諦めていた。あまりに辛い日は、学校へ行かずに近所のアパートの階段などで終日ぼーっと過ごすこともあったという。

人に頼るということを知らずに、自分一人で処理してきたのだ。凝り固まっていた心は、1年以上かけて保健室で「様子見」をするなかで、少しずつ解きほぐされていったのだろう。手紙を書いた日のことを、本人は「うまく言えないけど、何かがバーンとはじけた感じ」と私に対して表現した。

児相の判断と「私のオアシス」

同じ2年生の秋のこと。相葉さんが登校してきて保健室へ入るなり、泣き崩れた。前夜、家に帰っていた母親が夕飯を食べている際、何気なく声をかけたことが激怒を招いてしまい、夜の10時から翌朝の8時まで正座させられていたというのだ。バンザイの格好を崩さぬよう、竹の布団叩きで打たれてもいた。うとうとすることも許されず、「もっと謝れ」「役立たず」などと責められつづけたという。父親や姉は見て見ぬふりをしていた。

話を聞いた長谷川先生は「それは大変」と血相を変え、すぐに担任に話を通して、児相へ電話をかけた。相葉さんを家族から離すため、保護してもらいたかったのだ。

しかし、児相の下した判断は、「様子を見ていきましょう」だった。

長谷川先生は落胆した。が、保護のハードルの高さは予想できたことでもあった。相葉さんより前に児相に連絡したケースで、給食が唯一の食事で、週末になると何も食べさせてもらえない男子生徒がいた。近隣の学校に忍び込んで給食用のパンを食べてしまうほど飢えていたが、その男子についても、児相の判断は、経過観察だった。

そんなことから長谷川先生は児相へ足を運んだこともあったのだが、目の当たりにしたのは、彼らの抱えている事案があまりに多すぎるという現状。命の危険が迫っていないと保護してもらうのは難しい、と痛感させられるばかりだった。

相葉さんの保護を断られた長谷川先生は、それでも悩み、かつての教え子が自ら児相に電話することで保護されたケースに思い至った。

「家を出て暮らす方法もあるんだよ」と説明して、相葉さんに児相の電話番号を書きとったメモを手渡した。

相葉さんはそのメモを「生徒手帳に入れてお守り代わりにした」という。

ただ、相葉さんが自分から電話をかけることはなかった。長谷川先生に対して相葉さんは、「お母さんも異国で生きていくのに大変なんだよ」「お父さんもお姉ちゃんも根はいい人だから」と、家族をかばったという。

残念な結果に終わったこの一件だが、明るい側面もある。無表情だった相葉さんが、泣き崩れるほど自分の感情を出せるようになっていたのだ。

同じ頃、休み時間に保健室へと駆け込んできた相葉さんが、わーっと泣き出したこともあった。教室で「お父さんやお母さんって何してるの？」という話題になり、いたたまれなくなったのだという。長谷川先生は「辛いのに感情を抑えることはないよ。出る涙は全部出しちゃえ」と声をかけ、ティッシュケースを差し出して寄り添った。

3年になると、さらに大きな変化が生じる。

相葉さんは毎日、保健室で日々の出来事を話すようになっていた。「先生、小テストで100点取った！」「わー、すごい、頑張ったじゃん！」というような笑顔のやりとりが多くなった。「先生、これ持っといてくれないかな。うちじゃ誰も喜んでくれないし」と、テスト結果や賞状を託されることもあった。

「相葉さんはテストで良い点を取っても、コンクールで賞状をもらっても、それまでは持って帰る場所がなかったんですね。だから保健室が半分、家の代わりになっていたのかな。ハウスじゃなくて（〝家庭〟という意味の）ホームというか」

相葉さんは教室でも表情が柔らかくなり、どんどん友達が増えていく。その証拠に、卒業アルバムを作成する頃には、何人もが「萌といるといつも笑ってばかりいた」と書くほどになっていた。私が初めて相葉さんを保健室で見た時に、ケガをした友達に冗談を言って笑わせていたように。

長谷川先生は「彼女、人に寄り添えるから好かれるんですよ。周りも安心感があるみたいで、よく彼女に抱きついていますね」と目を細めたものだ。

他の子の悩みを受け止めてあげる一方で、自身の深刻な悩みは打ち明けられない。その分、保健室に行って話をすることで、バランスをとっていた。

「先生も保健室も私のオアシスなんだ」と、相葉さんは長谷川先生によく語っていた。あれほど「だるい」と言っていた学校のことも、「私の癒しの場」と言うまでになっていた。保健室という心の拠り所を得て、いつのまにか学校生活そのものを楽しめるようになっていたのだ。

そんな3年の秋、またしても長谷川先生が愕然とするような出来事が起こる。

ある日、相葉さんが大幅に遅刻して保健室に現れ、目をしょぼつかせながら「先生、昨日から超大変だったんだー」と言った。

前日、下校した相葉さんに、焦った様子の姉が「警察から電話があった」と告げた。母親の恋人が住む隣県の警察署からで、母親がその恋人とケンカになったので保護している、外国人登録証明書を持って手続きに来るように、とのことだった。

相葉さんと姉は急いで現地へ向かったが、隣県といっても自宅からは距離があり、到着した時には夜も深まっていた。警察署から出た母親は「恋人と話をしたい」と言ってあっさり姿を消してしまい、残された姉妹は、家に帰る交通手段もなく、現地のファミリーレストランで一晩を明かすしかなかった。

朝になって母親と会えたので話をし、東京に戻ってきて登校したというのだった。

「1日がめまぐるしくてよくわかんなくなったな」という彼女の様子は明るかったが、普通であれば高校受験を控えた大事な時期のはずだ。

長谷川先生は、相葉さんの今後について、内心悩んでいた。

担任とも話し合いを重ねていた。担任は、母親と進路について面談をしようと試みたことがある。しかしやっとのことで約束を取り付けても、当日になったら、母親は予定時刻を過ぎても姿を見せない。午前中に電話をかけると、「こんな時間に電話をかけてくるなんて非常識すぎる」とすごい剣幕で罵られ、結局会うことは叶わなかったという。自室にこもっている父親には接触さえできない。

保護者については、学校として打つ手なしの状況だった。

相葉さん自身は、母親を迎えにいった騒動のことを「あのとき気持ちが吹っ切れたのかな」と振り返る。実際、長谷川先生によると、その頃から相葉さんは、涙を見せることが目に見えて減ったという。

自立するしか道はない、が

長谷川先生はそんな様子に接するうち、ある結論に達する。

それは、「彼女自身が自立するしか道はない」というものだった。

折しも、2010年4月から高校授業料無償化が実現されたばかり。高校に受かりさえすれば進学は許してもらえそうだと、相葉さんは見通しを語っていた。

相葉さんと長谷川先生は、どんな学校なら自立に役立つかを一緒に考えた。その結果、都立の商業高校を目標とすることにした。

在学中に資格を取得できるので、高校卒業後の自活につなげよう、という狙いだ。

「高校生になったらアルバイトできるし、賄い付きの飲食店で働けば、バイト代をもらいながらご飯も食べられて一石二鳥だよ」

高校生活という明るい未来を思い描けるよう、長谷川先生はこう言っては励ました。

この頃の相葉さんは、母親の置いていく金を姉が遣ってしまうので食費が足りず、給食以外はポテトチップスや魚肉ソーセージなどの加工品しか口にできない日が多かったのだ。

高校受験という目標はできたものの、今度はそれをどうやって達成するかが問題となる。彼女の家に受験勉強できる環境がないことは、誰の目にも明らかだった。欠席や遅刻・早退が多かったので、学力の積み重ねもない。かといって塾へ行くことなど望めない。

「彼女の場合は理解力や文章力があって頭はいいし、勉強すればできるはず。なんとかならないかなと思っていました」と長谷川先生は言う。

そんな時、長谷川先生は他校の教師から、ボランティアが行う無料の学習支援の場があると耳にする。もっとも、その話を聞いてすぐにピンときたわけではなかった。

「学校と外部のボランティアとの連携はまったくなくて、むしろ敵対視している先生もいたんです。悪い他校生と関わる場所だろうって」

長谷川先生は役所へ詳しいことを問い合わせて、仕事を終えた夜に一人で見学に行ってみることにした。

「どうぞどうぞ」と迎え入れられた学習支援の場は、生徒とボランティアの先生が一人か二人ずつ向き合い、和やかな時間が流れていた。家庭環境が深刻で驚くほど学力の低い子も多いということだったが、皆、真剣な眼差しで机に向かっていたという。

長谷川先生は、そこにいるだけでほっとするような雰囲気がすっかり気に入った。

「勉強だけじゃなくて、ここも相葉さんのホームになるって思ったんですよ。中学は私が異動したら彼女の居場所もなくなるけど、ボランティアの方は卒業後も生徒に関わっているそうなので。家で辛いことがあった時の逃げ場は多いほうがいいじゃないですか」

長谷川先生は高校入学の先まで見据えて、3回も見学に訪れた。

ここでもしかし、相葉さんの家庭の事情が立ちはだかる。

相葉さんの門限は午後5時だった。掃除に洗濯、買い物と、家事全般を一手に担っているため、少しでも遅れることは許されない。姉も家事を替わってはくれない。

残念なことに学習支援の開始時間は、門限よりも遅かった。長谷川先生は何回か学習支援に誘ったが、相葉さんはそのたび「家族に半端なく怒られるから無理」と頑なに拒んだ。

それでも長谷川先生の心には、学習支援ボランティア代表のこんな言葉が残っていた。

一緒に頑張ってくれる大人がいて希望を捨てずに高校受験する子と、誰からの手助けもなくはなから高校受験をあきらめている子では、もし結果が同じだったとしても、その後の人生に大きな違いが出るんですよ——。

「よし、ここでやるしかないか！」

長谷川先生が相葉さんに指さしたのは、保健室の丸テーブルだった。相葉さんも、それならとうなずいた。

授業を終えてから午後4時半まで、毎日およそ1時間。はたから見れば、わずかな時間かもしれない。でも相葉さんは、「人生で一番勉強した時期だったな」と振り返る。相葉さんが誘って、友達数人も輪に加わった。

長谷川先生は、同じ保健室で自分の仕事をしながら、たまに声をかけるという、付かず離れずの距離で見守った。若い教師が勉強を教えにきてくれることもあった。長谷川先生がこっそりお願いしたのだ。他教師との日頃からの連携が生かされていた。

受験直前の時期に保健室を訪れると、壁には「高校絶対合格」という宣言付きのイラストが貼られていた。絵の得意な相葉さんが描いたものだ。願掛けの絵馬のようで微笑ましかった。

だが……。

「彼女、例の商業高校、落ちました」

都立高校の合格発表後、私は長谷川先生にそう告げられた。

実は受験の少し前、長谷川先生は相葉さんから、メモ用紙に走り書きしたSOSを受け取っていた。母親から、「高校に受からなかったら姉と一緒に家から出ていけ」と宣告されたというのだ。

これを聞いて半狂乱になった姉から、「あんたみたいな何もできない奴に巻き込まれたくない」「死ね、消えろ」と毎日何時間も呪文のように恨み言を聞かされる、ともあった。虐待の家から抜け出すために目指した商業高校だったが、結局、家族に足を引っ張られたのだった。まるで彼女の自立を阻もうとするかのように。

その後、相葉さんは都立高校の二次募集で、午前・午後・夜間の各部からなる3部制の定時制高校に合格した。希望していた学校ではないが、なんとか進路は決まった。

報告を聞いて胸をなでおろした長谷川先生は、すかさずその高校の養護教諭へ電話をかけた。

通常、中学校から高校への申し送りというものは行われないが、長谷川先生は心配な生徒については連絡を入れるようにしていたのだ。

相葉さんについても、家庭の事情に触れつつ、「高校へ行っても保健室に行くと思いますので、よろしくお願いします」と伝えた。

長谷川先生に伴走してもらっての相葉さんの中学生活は、卒業の時を迎えた。

生きててよかった

卒業式の数日後、相葉さんと長谷川先生、それに私の3人は、学校から少し離れたカフェレストランで昼食をともにした。

長谷川先生は基本的に、学校外で在校生や卒業生と個別に会うことはない。だが、この春で別の学校へ異動するということもあり、私から3人で一緒に会いたいとお願いしたのだ。

卒業したくない、というメモを保健室の机に残していた相葉さんに、卒業式はどうだった？と、まずは尋ねた。

「号泣しました。いい学校、いい学級で、いろいろあったなって思い出しちゃって」と、彼女は照れ笑いを浮かべた。

卒業式が終わり、中学校生活の最後に、と向かったのはやはり保健室だったという。

「写真を撮って、ソファでちょっとくつろいで。あのソファも、くるくる回る丸椅子も好きだし、春だとお雛様、冬だとクリスマスツリーとか季節ごとにあるのも好きだったな。あと名言の書いてあるポストカードも……」

保健室の好きなところを挙げだしたら、止まらなくなった。

彼女の家には、季節のしつらいがなかった。安らげる要素もなかった。だからなおさら、保健室でそれらを目にするのが心弾むことだったのだろう。

長谷川先生の言っていたとおり、相葉さんにとって保健室は「ホーム」の役割を持つところだったのだな、としみじみ感じられた。

後で、相葉さんが卒業間際に長谷川先生に渡した手紙を見せてもらった。

家庭のことを打ち明けた最初の手紙の日からの歩みを、こんなふうに記していた。

「あの日、私の人生は本当に変わりました。

例えば、すごく涙もろくなったこと。

最近気づいたのですが、私は昔からすごく涙もろくて、弱い人間だったみたいで。

もっと強くなりたいし、もっと人に優しくありたい。

先生は優しいだけじゃなく、人間としての根本的な所から、私にとって出来た人です。私は先生が大好きだし、今までで一番大切な先生だし、私の基本になっているんです。すべてが私の糧になって、脳の引き出しにしまってあります。

先生、約2年間。本当にありがとうございます」


思い出を語りながらの楽しい食事だった。相葉さんは「2年のあの日までは、生きていても死んでもどっちでもいいやと思ってたんですよ」と、ぽろっと言った。

虐待に遭ううちに、感情も思考能力も麻痺していたのだろう。それが、保健室で思いを吐き出すうちに涙もろくなり、それが本来の自分だったと気づいたのだ。

「死にたいって思いが出てきた時があって、先生に手紙を書いたこともあったな」と振り返る相葉さんに、横で長谷川先生も「そうだったねえ」と相槌を打つ。

相葉さんの話を聞いていると、死にたいという気持ちが芽生えたことも、彼女が表情を取り戻していくための大事な通過点だったことがよくわかる。

どこで聞いた話なのか、相葉さんは、人間は生まれてきてまず泣くから、笑うよりも泣くほうが簡単らしいですよ、と言った後にこう続けた。

「私は保健室に行って先生と話すようになって、生きててよかったって思えるようになった。私にとって大切な人ができて、その人とそこにいるだけで楽しくなることもあるし、悲しくなる時もあるって知って。死んだらそういうことが何も味わえないから、ああ生きてるだけで幸せだなって今は思える」

なんて素敵な言葉だろう。彼女だから言える言葉だ。

とんでもない重荷を負いながら、こうして笑顔で自分の思いを語れるようになった相葉さんの姿は、掛け値なしに輝いて見えた。

落とされた支援のバトン

ここで話が終われば、後味のいい美談で済むかもしれない。

しかし当然ながら、相葉さんの人生は中学の保健室を巣立ったあとも続いている。

そして、結論から言うと、長谷川先生から高校の保健室へと託されたはずの支援のバトンは、あっけなく落とされてしまったのだ。

中学卒業から1年後の春休み、再会した相葉さんは2年生への進級を前に元気そうな様子だった。

高校では新しい友達もでき、「マック（マクドナルド）に行って、周りに聞かれたくない話題になったらカラオケに移動しておしゃべりするんですよ」と語っていた。

家庭の状況は相変わらずのようで、経済的にはさらに困窮している気配もあった。それでも、長谷川先生が「お願いします」と電話をした高校のベテラン養護教諭が親身になってくれているらしく、なんとか持ちこたえている、とも言っていた。

ただその養護教諭は、この春がちょうど定年退職を迎えるタイミングだった。

「すごく助けてもらってたのに。これからどうしようかな」と、あまり深刻ぶらずに言った相葉さんの姿が妙に記憶に残っている。


ちょっと様子がおかしいな、と感じたのは、その年の9月のこと。彼女からの久々のメールに「修学旅行に行けない」とあったので、理由を尋ねるメールを返したところ、深夜にかなり長文の返信が届いた。

「最近眠れないんですよね、朝も昼も夜も」で始まる文面は、まとまりに欠け、感情の混乱ぶりがにじんでいた。

遠くへ一人で行って「ここなら誰も追ってこない」と思ったこと。具体的に誰かを指すでもなく「なんだかみんな変わっていきますね」「信じる気持ちなんて無くなればいいのに」ということ。日頃は大人顔負けのきれいな文章を書く彼女なのに、この日は句読点もほとんど使っていない。一気に打ったのかもしれない。

修学旅行については「いまお家が（ずっと変わらずですが）きつくて7万出して行くものでもないから今回はいいかなと」と、さらっと書かれているだけだった。

それから1時間も経たないうちに、「気持ち悪いメール送ってしまってごめんなさい。気にしないでください！」と打ち消すようなメールが送られてきた。

もうすぐ文化祭で後輩のライブを見るのが楽しみだし、友達と他校の文化祭にも行く、という話も聞いていたので、友達と何かもめたのかな、と私はとらえていた。

年が明け、彼女から来た年始のあいさつは、退学の報告だった。

「なぜ?」と目の前が真っ暗になる思いですぐにメールをすると、一番の理由は、いじめだった。

その萌芽は、すでに入学式にあったという。

高校は制服はあるものの、私服通学も認められていた。相葉さんは中学の制服のスカートに、カーディガンを羽織って出席した。「その月の光熱費だってきついのに、2、3万もするブレザーとか買ってなんて言えないじゃないですか」というのがその理由だった。

しかし、入学式の会場に入ると、ほぼ全員が制服姿。周囲からの「あいつの服、デザイン違くない？」「制服ないんじゃん」という声が嫌でも耳に入ってきたという。

スカートが中学の制服だということはすぐに知られ、彼女いわく「お金のない奴だと露呈して浮いてしまった」。教室などで同級生に後ろから背中を急にたたかれて、反応を見られているようなことがしばしば起こった。相葉さんは中学ではいじめられたことがない。

「早く飽きてくれればいいな」と思ってやり過ごしていた。

マクドナルドやカラオケに行った、と言っていた付き合いは、小遣いのない彼女が昼食代としてもらう月5千円（通学日数で割ると1日200円程度でしかない）から工面していたという。そうやって何とか同級生とのつながりを保っていたのだ。

それでも1年生の間は、保健室という精神的支柱があった。

ところが2年生になり、お世話になっていたベテラン養護教諭が退職すると、保健室はケガの応急処置か早退を促されるだけの、長居を許されない場所に変わった。

相談は、学校に配置されているスクールカウンセラー（SC）を利用するよう案内された。この学校のSCは数人態勢で、全員で情報を共有するシステムらしい。1回45分の面談を1週間前から予約できるのだが、すぐにスケジュールが埋まることが多く、毎回同じ人と面談できるわけではなかった。

相葉さんは、その都度違う人と向かい合って、デリケートな話をしなければならないのが苦痛だった。自然と足が遠のいたというのも無理はない。

要するに彼女は2年生になった途端、保健室も、それに代わる場所もない状態に陥ったのだ。

精神的支柱を失って心細い彼女は、いじめっ子には格好の標的に見えたのだろう。教室の彼女の席に連れ立ってやってきては、携帯電話のカメラで彼女の顔を撮影するようになった。その輪には男子生徒も女子生徒もいた。

撮られた顔写真は、瞬く間にネット上に流された。彼女の実名と電話番号、メールアドレスが、写真とともに出会い系サイトなどに勝手に登録された。相葉さんは、1日中届く迷惑メールを削除しつづけることになる。

アドレスを変えても、同じことだった。友達だと思っていた子も加わっていたのだ。

そのうち相葉さんは、登校しても、教室の階へ上がろうとすると吐いてしまうようになる。

こうして欠席日数ばかりが積み上げられ、ついに担任の男性教師から、「出さなければ強制退学になるから」といって退学届を渡されたのだった。

相葉さんは、この担任にも事情を相談しようと試みたことがあった。しかし、教室に入れないという打ち明け話に、担任はこう返したという。

「みんな自分に必死で、相葉が抱えている問題を抱えてあげられないんだよ」

相葉さんは、「その瞬間から、もう先生には話せないなって思っちゃって」と振り返る。

都立の定時制高校の現役教師や元教師に、3部制高校の実情について、話を聞いたことがある。

彼らは口を揃えて、「3部制は1日に教室が3回転、教師は2交代制で勤務する。場所も人も常にフル回転状態で、困難を抱えた生徒の居場所となる余裕はない」と述べた。

2000年以降、全国的に高校が統廃合され、夜間定時制から3部制に変わる学校も増えた。貧困をはじめとした問題が集まりやすいという定時制の性質に変わりはないはずだが、こうした学校は現実的に、次々やってくる生徒をさばくのが精一杯となっている。相葉さんは退学前、保健室登校できれば、という思いを抱くも、教師から「この学校では無理」と望みを絶たれていた。

保健室をはじめ、学校が支えとなりえないとなると、彼女のように他に頼れる大人のない子は、社会そのものからこぼれ落ちるしかなくなる。

居場所を失った彼女が行き着いたのは、皮肉にも、彼女を苦しめつづけてきた家庭だった。

社会から孤絶したその行く末

3年に進級することなく退学手続きを終えた相葉さんは、「未来を言葉にできない人間にはならないように頑張りたいです」と気丈に語っていた。とりあえず仕事を探すところから始めます、とも。

その言葉どおり、彼女はすぐに惣菜製造のアルバイトの面接に行き、無事合格する。しかし、いざ働きはじめると、賛成していたはずの母親からあれこれ難癖をつけられ、辞めざるを得なくなってしまった。他のアルバイトを提案しても却下された。

実は相葉さんが高校に入ってしばらくした頃から、母親は恋人と別れ、再び一つ屋根の下で暮らすようになっていた。相葉さんが中退した直後の母親は、居酒屋で働いてこそいたが、アルコール依存症のせいか幻覚を見たり自殺しようとしたりするなど精神的に不安定だった。娘を自分のそばに置いておきたかったのが仕事を辞めさせた理由かもしれないし、単に娘の自立が妬ましくて阻止したかったのかもしれない。

相葉さんは時間ができた分、高校から始めた料理にさらに励むようになった。肉じゃが、鮭のちゃんちゃん焼き、ズッキーニの肉詰め……。彼女に聞くたび、旬の手頃な食材を使ってのレパートリーがどんどん増えていっていた。

一方で、その頃の彼女のメールにあった言葉は、私の胸に突き刺さった。

「なんかこう、世界に置いていかれてるみたいです。誰にも傷つけられない代わりに、誰も立ち止まらない」

自分が社会から見えない存在になっていることを自覚した辛さがにじむ。

彼女のように高校を中退した10代の若者は、公的機関との接点が何もないため、社会的に孤立しがちだ。「発見」されるには自ら声を上げるしかないが、それだけのパワーを当時の彼女に期待するのは酷というものだろう。

なにせ高校でのいじめで周囲との距離をうまくとれなくなっていた彼女は、中学までの友人とのつながりさえ絶ってしまっていたのだ。文字どおりの孤絶だった。

一方で皮肉なことに、家庭に目を向けると、相葉さんが中退した年の終わり頃には母親が酒の絡む夜の仕事を辞めて日中に働き出したり、姉に恋人ができたりしたことから、相葉さんへの虐待が落ち着いた時期でもあった。

前よりは居心地の良くなった家庭が、彼女に残された、ただ一つの居場所だった。


2014年以降、相葉さんからのメールでは、一家はいっそう困窮している様子だった。税金の滞納で、役所から財産差し押さえの可能性があると通知されたという。家賃の滞納もあり、いつ大家から退去を求められてもおかしくないようだった。

相葉さん自身も弱っていたのだろう。会って話そうと求めても、「気力とか活力みたいなものが全然湧かなくて」と約束することさえ叶わなかった。

事が動いたのは、2015年も終わりに近づいた頃。彼女は19歳になっていた。

それまで私が生活保護の申請を勧めるたびに「両親の協力が得られない」と渋っていたのが、ようやく、申請してみる、と言い出したのだ。会おうという私の申し出も、相葉さんは受け入れた。

久々の再会は、その冬初めてダウンジャケットを引っ張り出した11月末の寒い日だった。待ち合わせ場所である駅前交番の前に、マスクを着けた相葉さんの姿があった。久しぶり、と声をかけたその瞬間、彼女の足元が目に入って、私は思わず息を呑んでしまった。彼女は裸足につっかけ姿だった。吐く息が白くなるほどの日だ。街のどこを見渡してもそんな足元の人はいない。

「前に履いていたスニーカーはどうしたの？」

「あれは履き潰したとこで、ちょうどいま外に履いていける靴がこれしかなくて」

気を遣わせまいとしているのか、相葉さんはさらっと明るい声で答える。

聞けば、家賃の滞納はついに100万円を超えていた。

父親はこの1年ほど泥酔することなく仕事をしていたが、最近倒れ、働くどころか早急に適切な治療を施さないと危ない状態という。多少なりとも働いて家計を補っていた姉は恋人と暮らすために家を出たばかりで、母の月約10万円のパート代だけが一家3人の頼みの綱。「このままじゃ家で冬を越せない」という言葉には現実味があった。

「相葉さんもお姉さんみたいに家を出るというのは難しい？」

「そうですね、なかなか難しいかな」と答えた相葉さんは、自分の父方の祖父の話をした。数年前、行方がわからなくなっていた祖父がホームレスとして死亡したという連絡が、役所から入ったという。

「お父さん、一人じゃ何もできないし、おじいちゃんと同じ道を歩みそうだから。お母さんも心配だし、二人の住むところと生きる道を私がなんとかしてから自立するのがケジメかなって」

それが、彼女が生活保護を申請する理由だった。しかし、彼女がこれまで両親からされてきた仕打ちを思うと、彼女に「ケジメ」を求めるというのはどうにも引っかかってしまう。私は「でも、その二人から傷つけられてきたことがあったよね」と聞いた。

「ありました。ずっと悩んできたから、ほんと理不尽だなと思ってるけど」と彼女は口にしてから、言葉を探すようにすこし間を空けた。

「なんだろうな、自分を作る期間というか、3歳くらいから18歳くらいまでずっと暴行とか暴言を受けてて、ずっと『クソ野郎が』みたいな扱いだった。でも最近はすごく優しいから、どっちを信じればいいのかわからないし、何を考えてるかわからなくて怖いんですよね」

それなら尚更、家族から離れられればどれほどいいだろう。

相葉さんはふふっと笑って「なんででしょうね。放っときたいんですけど、考えると……、ごめんなさい」と言うや、みるみる目を赤くした。込み上げる涙が止まらない。これまで虐待経験を打ち明ける時でも泣かなかった彼女が、私に一度だけ見せた涙だった。

「放っとけたり嫌いになれたらどんなに楽だろうなと思うけど、なれないから。なんでかなって最近よく考える。どうすればいいんだろう」。しゃくりあげながらそう言った。

養護教諭の無念

この再会の前の夏、久々に長谷川先生と会った時のことが思い出された。

相葉さんの中学卒業直後に別の中学へと異動していた長谷川先生は、相葉さんのその後を知らなかった。私が近況を伝えなければ、中学卒業時の、明るい彼女の姿が心に残るはずだ。正直、心苦しかった。

自宅を訪ねると、長谷川先生は部屋の一隅にある収納ケースの蓋を開いて、「懐かしいな」と言いながら、相葉さんからの手紙やイラスト、本人から託された賞状などをテープルに広げてくれた。相葉さんには事前に、見せてもらう了承を得ていた。

相葉さんの卒業アルバムをめくりながら、長谷川先生はしみじみとした口調で言う。

「文章も絵も上手ですよねぇ」

確かに、彼女の直筆のページは他の生徒と比べても見栄えがする。

「彼女、やればいろんな仕事ができそうなんですけどね。文章力ありますから頭もいいはずですよ。何かないかな」

長谷川先生は自らの生活範囲で、彼女がひとり立ちできる仕事がないものかとさっそく思案している。その面倒見のよさは健在だった。

しかし、相葉さんは長谷川先生の思いとは裏腹に、家族から離れられそうもない。

後日、再び長谷川先生とカフェで会った際、そう伝えると、別れぎわに長谷川先生は無念そうにつぶやいた。

「中学時代に児相の電話番号を書いたメモを渡した時も、あなたは悪くない、ガマンすることじゃないと伝えても、彼女は家から逃げなかったですもんね。渦中にいたら、自分の限界がわからなくて逃げ出せなくなってしまうということが、当時の私はまだわかってなかったのかもしれない。ここまで来ちゃう前に無理やり引っ張り出さなきゃいけなかったのかもしれない」

長谷川先生は、中学校の養護教諭って、と続けた。

「思春期という人生の大事な時期に関われるけど、その子の人生を変えるほどではないのかな……。〝人生のスパイス〟になればいい。それくらいの関わりですよね、養護教諭って」

でも精一杯関わるんですけどね、と付け加えた言葉が、いつも子どものためにひたむきな長谷川先生らしかった。

長谷川先生は「もっと何かできなかったか」と自分を責めたが、中学校の養護教諭として十分すぎるほどに尽力したのは誰の目にも明らかだろう。

児相や地域ボランティアなど、学校の外部とも連携を試みたし、何より高校の保健室へと支援をつなごうとした。養護教諭は毎年、新しい生徒がやってくる身だから、特定の生徒だけにずっと関わりつづけるわけにはいかない。

むしろ、長谷川先生と相葉さんとの関わりから教訓として考えるべきは、「中学以降」のことではないか。

相葉さんが中退せざるを得なくなったように、家庭環境が複雑などの事情を抱えた子たちの集まる高校ほど、保健室を含めて丁寧なケアが難しくなっている現実がある。さらに高校で救われることなく中退してしまうと、そのまま社会から孤立してしまう恐れが増す。相葉さんのように社会から見放されていった若者が、いったい日本中にどれだけいるだろう。

もちろん中学入学前の段階で、相葉さんの受けている虐待に誰かが気づければもっと良かったわけだが、少なくとも中学卒業後、どこかで長谷川先生の保健室のような受け皿にめぐり合えれば、彼女が今ほど殻の中にこもることはなかったように思う。

人生のスパイス。中学の養護教諭の役割は、長い目で見てそんなものなのだろうか。

長谷川先生の言葉を消化できずに、私は取材ノートに書き取ったその一語を丸で囲んでおいた。

保健室が育んだ「一生もの」

2016年春。

相葉さんから明るい知らせが届いた。生活保護の申請が受理されたというのだ。

彼女からのメールには、家賃を滞納していた家からは急ぎ退居することになる、と記されていた。彼女は関係機関を駆け回り、ケースワーカーや弁護士、不動産業者らと会うめまぐるしい日々を送っていた。

社会と久々に関わることで、彼女の人生が前進しはじめている感があった。

そして急きょ迎えた引っ越しの2日後。彼女は20歳の門出を、自ら決めた新しい住まいで家族とひっそり迎えた。

手放しで喜べるわけではないにせよ、やっと生活基盤が安定したことに、私は心底ほっとした。自ら動くことによって道を切り開いたことと、そこから得る自信は、彼女にとって何よりの成人祝いのようなものだろう。

彼女の歩んできた道を振り返るべく、これまでの取材ノートを繰ってみた。私の目はあるページの一点に釘付けになった。

相葉さんが、家族にされた仕打ちのことを、「人生のスパイス」と表現していたのだ。中学3年生の時にそう考えられるようになって、生きるのが大分楽になった、と高校入学直前の彼女が話したことを記録していた。

長谷川先生と同じ言葉を使っているのは、偶然なのだろうか。いや、長谷川先生が日頃から使っていたその単語を、当時の彼女なりに咀嚼した結果ではないだろうか。

彼女が中学卒業間際に、長谷川先生への手紙にしたためた文が思い起こされる。

「私は先生が大好きだし、今までで一番大切な先生だし、私の基本になっているんです」

相葉さんが中学の保健室で過ごした時間が、長谷川先生との何気ない会話までもが、彼女の基礎となっていることの証のようで、心に小さな灯がともった気がした。

取材ノートを見返したことで、さらに気になることが出てきた。

かつて相葉さんが長谷川先生から、いずれ飲食店のアルバイトをしたらいいよ、と繰り返し励まされていたことだ。

中学時代、家では菓子などで空腹をしのいでいた相葉さんを心配し、高校生活に希望を持たせようという長谷川先生の配慮だった。

相葉さんが高校入学後、料理を始めたのは、長谷川先生の影響だったのだろうか？

新生活に踏み出したばかりの彼女に、この長谷川先生のアドバイスを覚えているか、メールで聞いてみた。料理を始めた動機になったのかどうか確認したい思いがあった。

案の定だった。

彼女の返信には「もちろん賄い付きの仕事のお話、覚えてますよ」とあった。

「料理なら家でつくるうちに練習になるからいいなと思っていました。あと、相葉さんならできるよ、と必ず言ってくれたのを思い出して、それを支えに！」

最近では時折、新しい友人の家を訪ねて手料理を振る舞うこともあるのだという。

さらには「調理師免許に興味があります」と、ほのかな夢まで描いていた。

被虐待児のケアに取り組んできた精神科医の宮田雄吾氏の著書によると、児童虐待による心理的影響の代表的なものの一つに、未来への希望が持てなくなることが挙げられるという。子どもの頃に受けた心の傷のせいで、年齢を重ねても、進学や就職といった一般的な将来像を描くのさえ困難になることがあるというのだ（『「生存者」と呼ばれる子どもたち』）。

相葉さんも、中学の保健室で長谷川先生に出会わなければ、調理師という夢を抱くことができなかったかもしれない。

彼女からのメールは、こんな言葉で締めくくられていた。

「長谷川先生には色んな面で影響をばりばり受けてると感じます。

どうしようもなく辛くて、どん底に居るような気分の時に間違いを起こしそうになると、いまだに家族の顔よりも先に長谷川先生が出てくるので、失望させたくないし悲しませるかもしれないのはダメだ、と幾度となく思いとどまらせてもらっていて、自分の中で本当に大きな存在なんだと思います」

長谷川先生に今度会う時に、こう伝えよう。

先生が保健室で生徒の心に振りかけていたのは、スパイスなんかじゃなくて、希望の種だったようです。その種はちゃんと芽吹いて、しっかり根を張っていますよ——と。

中学の養護教諭がある子どもに直接関わるのは、3年間という期間限定だ。その子の抱える問題を全面的にすくい上げるには、難しいこともある。

しかし、自分のために必死になってくれた大人がいた、という事実は、子どものその後にとってこれほどまでに大きな意味を持つのだ。

相葉さんが保健室で受け取った長谷川先生の思いは、これからも失われることのない「一生もの」として、彼女の長い人生を支えていってくれるはずだ。

第3章

保健室登校から羽ばたく

処置台を覆う布

部屋には洗濯機の回る音だけがリズミカルに響き、窓辺の観葉植物が初冬の朝の低い日差しを浴びている。

――学校の中なのに学校じゃないみたいだな。保健室というより家庭のような……。

小さなクリスマスツリーの乗った柔らかなピンク色の丸テーブルで、黙々と二次方程式のプリントを解く女子生徒の白い横顔を見ながら、ぼんやりと思う。

やがて授業終了のチャイムが鳴って廊下が騒々しくなり、女子4人組が「せんせー、ちょっと聞いてー!」となだれ込んでくると、錯覚はあっさり破けた。

ここは、某地方のターミナル駅からバスで30分ほど揺られたところにある中学校の保健室。校舎の窓からは、山と畑に囲まれたのどかな風景がひたすら広がる。

2010年が終わりに近づく頃、私は生徒数400人弱のこの学校を初めて訪れた。さばさばとした姉御肌のベテラン養護教諭、柳久美子先生から、取材は慎重にお願いします、と事前に釘をさされていた。

「保健室登校の子がいてデリケートな事情を抱えていますから」と。

はたしてどんな子がいるのだろうと保健室を訪ねると、ドアを入ってすぐ、6人がけの丸テーブルにちょこんと着いていたのが、3年生の藤岡結衣さんだった。長い髪をきれいに束ねて清楚な雰囲気の漂う彼女は、私が挨拶するとちょっとほほえんでお辞儀を返した。

1日一緒に過ごした印象は、おとなしい子だな、ということくらい。後から賑やかな女子が保健室登校してきたこともあって、私がこの日の彼女の声ではっきりと覚えているのは、昼休みの「今日は11人のお客さん」というつぶやきだけで、あ、来室者をカウントしてるんだ、と思ったことくらいだろう。

おとなしいといっても居心地が悪そうというのではない。2年生の頃から保健室登校をしているだけに、場にすっかり馴染んでいる感があった。柳先生の保健室は生徒も教職員も出入りが多いが、誰が来ても特に緊張する様子はなく、丸テーブルを囲んで誰かに話しかけられてはニコニコしている。

放課後、柳先生は二人きりになると、「デリケートな事情」について口を開いた。

「結衣さんは、精神疾患があって、リストカットで入院したこともある子なの。ほら、処置台に布がかけてあるでしょ?」

腰高の処置台に目を向けると、確かに、かわいい葉っぱのアップリケがついた生成り色のカバーが覆っている。

「彼女を一人にしないように気をつけてはいるんだけど、衝動的にハサミに手を伸ばさないようにってカバーで目隠ししてあるの。ここにあるのも包帯を切るのに使う最低限のものくらいで、あとはしまってあるんだけどね」

実際、保健室でリストカットしようとしたこともあったという。

静かにほほえむ結衣さんと、何気なくかけられたようなカバーを結びつける事実に面食らってしまう。それと同時に、足を踏み入れた時にあまり保健室の雰囲気を感じなかったのは、どの保健室にもあるはずのハサミやピンセットといった金属製品の光沢が目に入らなかったからか、と腑に落ちた。

いくら家庭的な温かみにあふれているようでも、やはりここは、子どもの生きづらさと格闘する最前線なのだ。


日本学校保健会が5年に一度実施している「保健室利用状況に関する調査」の平成23年度調査結果によると、全国（岩手、宮城、福島の各県を除く）の公立中学校1101校のうち、過去1年間に保健室登校の生徒がいた割合は41・6％にのぼる。

保健室登校とはなんだという人もいるかもしれないが、同調査の定義では、生徒が常に保健室にいるか、特定の授業は出席できても、学校にいる間は主として保健室または保健室に隣接する部屋にいて、養護教諭が主に対応しているケースとされている。

結衣さんも、全国にたくさんいるであろう保健室登校の子の一人だ。

そのなかでも結衣さんの場合、学級への復帰は、ゴールの見えない険しい道のりに思えた。なにせ件の「デリケートな事情」に加え、柳先生のいなかった1年生の時には「登校日数ゼロ」という筋金入りの不登校からのスタートだったのだ。

保健室は困った時に行くところ

「保健室登校」という用語がいつどのように誕生したかは定かではないが、1970年代後半には、山形の養護教諭の勉強会で自然に使われはじめたという記録がある。ただ、市民権を得るようになるのはずっと後のことだ。

短大を出た柳先生が養護教諭として中学校に着任したのは74年のことだが、2年後には保健室登校の子を受け入れていたという。80年代に入ってからも、用語が認知されていない一方で、それを必要とする生徒はいた。

しかし学校内には、保健室に生徒を登校させることへの戸惑いもあったようだ。

80年代前半、柳先生の元に、不登校からなんとか保健室にまでは通えるようになった生徒がいた。ある日の授業中、柳先生がケガをした別の生徒を病院へ連れていき、戻ってくると、保健室の外から鍵がかけてあった。他の教師が「保健室にいる生徒がどこかへ行ってしまうと困るから」と勝手に判断して施錠したというのだ。

柳先生は、今では笑い話として思い返す。

「それはないんじゃないって私、随分その先生に怒ったの。冗談じゃないよね。生徒を閉じ込めるだなんて、犬や猫じゃあるまいし」

言うべきことははっきり主張し、同僚に理解を広めていき、やがて管理職から信頼を得て「他の不登校の子にも接触を図ってほしい」と要請されるまでになっていった。

用語も一般的でなかった頃から結衣さんに至るまで、なぜ柳先生の保健室には、不登校の生徒も通えるようになるのか。その一番の理由は、柳先生がいつもどんな生徒にも伝えている言葉にヒントがあるように思う。

それは、「保健室は困った時に行くところ」というものだ。

柳先生が全校生徒にとったアンケートを見せてくれた。記述欄には、困った時に助けてもらったというエピソードが並ぶ。

「ね、病気やケガというのもそうだけど、忘れ物とか宿題やってないとかでも、とにかく困ったら行くというのが、彼らの保健室のイメージなんだね。保健室に行っていいかわからないという子が結構いるから、困ったらおいでというのは皆にいつも言ってきた」

保健室に集まってくる大小の困りごとをすくい上げ、細かなことでも他の教職員へ橋渡しをするため、いつも校内を駆け回っている。

甘えているだけの生徒には厳しい顔も見せるので、アンケートには「休ませてくれなかった」「アメとムチ」という記述もあったが、「どこまでなら自分で頑張れるという勉強をしてもらうのも役割の一つかな」と話す。

そして何より声かけが功を奏する相手が、教室に入ることができないというとびきりの「困った時」に直面した子だろう。

柳先生は、保健室登校の子を受け入れるにあたって、二つのことを大切にしていた。いずれも「手」にまつわる話だ。

一つ目は、手のかけ方。

「子どもによって心の安定を得る度合は違うけど、一人ひとりが満足するのが、私は平等だと思う。だから手のかけ方はそれぞれ10だったり5だったり、極端に言えば0でも大丈夫な子だっている。皆に同じことをやるのが平等だという養護教諭もいるけど、子どもに応じて動かないと心の安定は望めないし、自己満足に過ぎなくなる」

そのなかで保健室登校の子は、最大限手をかける必要のある子、という位置づけなのだという。

二つ目は、たくさんの人の手をかけられるようにすること。

柳先生は「そのコーディネートをするのが養護教諭の役目」と言い切る。

「不登校や保健室登校の子って自尊感情が低くなっていて、それをいかに高めてやるかということなんだけど、同じ褒めるにしても、いつも私に褒められるより、違う人が来てすごいねって言われればモチベーションも上がるじゃないですか」

結衣さんの保健室登校の歩みにも、柳先生の「子どもに応じて手のかけ方を変える」「たくさんの人の手をかける」という理念が詰まっていた。

突然の発作とリストカット

柳先生がこの学校に着任したのは、結衣さんが2年生になった春。同僚からの引き継ぎで、学校に来ていない結衣さんの存在を知らされた。結衣さんは、離婚してシングルマザーの母親ときょうだいとともに、バスが1時間に1本もないような地域にある母親の実家で暮らしている。また、何らかの精神疾患で通院している。

こうした断片的な情報はあったものの、不登校は続いていて、柳先生が直接顔を合わせる機会はなかなかめぐってこなかった。

健康診断シーズンも過ぎ、柳先生が新しい職場に慣れた頃、結衣さんが何らかの用事で母親と一緒に学校へ来たらしく、保健室に立ち寄った。

柳先生は初めましての挨拶とともに、いつものように「困ったら保健室においでよ」と声をかけた。

結衣さんは目を丸くして「そんなので来ていいんですか?」と言った。柳先生は「もちろん！　ここでも良かったらいていいんだから、いつでもおいで」と答えた。

柳先生は振り返る。

「結衣さんは休みたいわけじゃなくて、ずっと学校に来たいと言っていたんだって。だからもっと後になって話していたのは、1年生の時も保健室に来てよかったなら学校に来られたのにって」

柳先生が着任するまで、この中学校では教室に入れない子は別室登校になっていた。そうした子たちをサポートする相談員として、当時50代の長沢雪絵さんが週4回ほど来校し、対応を一手に担っていた。別室登校のあり方は学校によって様々だが、この学校では学級も保健室も、教員ではない長沢さんにほぼ「丸投げ」状態だった。

長沢さんは当時の結衣さんの印象を、「表情がなくて物静かだった」と話す。別室には上級生だけで10人近くいた。とても入っていけそうもなかった。

柳先生の声かけを機に、結衣さんは少しずつ慣らすように、休み休みにではあるが、保健室へ登校してくるようになった。保健室には校庭に面した出入り口があり、校舎内を通らないで入ることができる。小さな下駄箱もあるので、昇降口にさえ行かなくていい。そんなことが結衣さんの心の負担を軽くしたようだ。

それでも保健室に来てすぐの結衣さんは、いつもビクビクとして落ち着かなかった。「誰か来る」と言っては、カーテンや衝立の陰に身を隠す。柳先生が「もう行ったよ」と呼びかけるまでは出てこない。柳先生が別の生徒に「早く教室行きなさい！」と叱ると、自分に向けられた発言だと思い込んで即座に「はい行きます！」と返答したこともあった。

「真面目すぎるほど真面目な子だし、考えすぎていたんだろうね」と柳先生は言う。

そんな秋のある日のこと。

廊下で男性教師が誰かを怒っているのか、保健室までその怒鳴り声が聞こえてきた。

その瞬間、結衣さんが突然、ブルブルと震えだした。何かの発作らしい。

柳先生が「大丈夫だよ」と言ってしばし抱きしめることで、一旦は震えがおさまったかのようだった。身体を離した柳先生は、自分の作業に戻った。

ちょっとしてから結衣さんのほうを見て息が止まった。

結衣さんは、自分の筆箱からハサミを出し、その刃を手首に当てているところだったのだ。

「これはダメだからね、預かるからね」

柳先生は落ち着いた声でそう言いながら、さりげないふうにハサミを取り上げた。結衣さんは生気が抜けたようになっていた。

この事件を機に、柳先生は処置台に常にカバーをかけるようになったのだ。

柳先生はこの時点で、結衣さんの病名を知らなかった。

学校に来ている若い女性のスクールカウンセラー（SC）が病院と連絡を取り、把握していたのだが、「守秘義務があるから」と教職員には詳しいことを伝えなかったのだ。

柳先生が保健室で起きた発作の話をすると、SCは「しっかり抱きかかえていれば落ち着くから、そのように対応してください」とだけ指示した。

ただ、結衣さんは発作ではない時にも、「私は死にたくないのに『死ね死ね死ね』という人の声が聞こえてくる」と話していた。母親は「万一のことがあれば一切うちの責任ですから」と言ってはいたが、学校としてはそれでよしとするわけにもいかない。

柳先生は、守秘義務を譲らないSCと話し合いの場を持ったが、結衣さんの発作や発言がなぜ出てくるのかは結局わからぬまま、「とにかく結衣さんを一人では置いておけない」という結論に至った。

校舎から飛び降りかねないならどうするか

2年生の学年主任である男性教師がある日、うろたえた様子で保健室に飛び込んできた。学校に話し合いに来ていた結衣さんの母親が泣いて困っているから、柳先生に来てほしい、という。

「学年主任と担任との男性二人で、大きなテーブルで相対したお母さんに、結衣さんを一人じゃ置けないということをガンガン言ったらしいの。すぐに泣くようなお母さんじゃないからよほどのことを言ったんだろうね。私からお母さんに、学校に来るなという意味じゃないよ、心配だからお母さんに来てもらったし、今後どうしようかって話をしているんだよって説明したら、落ち着いてくれた」

母親は柳先生を信頼したようで、来校するたびに保健室へ寄るようになる。この機をとらえて柳先生は切り出した。

「お母さん、結衣さんの通っている病院へ行って、学校の対応について聞いてもいい？」

母親はすんなり了承し、病院へ話を通しておくと約束した。

病院との連携は、最初からうまくいったわけではない。

柳先生が病院へ出向くと、結衣さんの主治医は病状を説明し、深刻さを強調した。「私たちが飲んだら起きていられないくらい強い薬を飲んでいます」「いつ校舎の高いところから飛び降りてもおかしくない状況です」。

柳先生としては、病状そのものよりも、学校がどう対応すべきなのかを知りたかった。というのも近隣の中学校で、同じように精神疾患を抱えた生徒が飛び降りたことがあったからだ。

特にこの時期、結衣さんは部活動をしていたのだが、練習の都合上、どうしても顧問の目が届かないことが出てくる。そんな時に「死ね」の声が結衣さんを襲うことが心配だった。柳先生が「その辺はどうでしょう」と尋ねると、医師は「それは学校の考えることです」と突き放すだけだった。

柳先生は振り返る。

「だから腹が立って、じゃあ校長と相談して判断しますって言って帰ってきたんだよね」

学校へ戻った柳先生は、校長や部活動の顧問と話し合い、顧問が必ず立ちあえる日に限って、結衣さんの参加を認めることにした。

この対応を知った母親は、病院で「部活をやらせてもらえない」と不満を漏らしたらしい。さっそく主治医から柳先生に電話がかかってきた。

柳先生は毅然と、「学校で判断してということだったのでそういうふうにしたんですが」と伝えた。すると主治医は、「わかりました。では私からもお母さんに状況を説明しておきます」と歩み寄りの姿勢を見せたのだ。

「それからその先生（主治医）、変わっていった。細かな指示をくれるようになって。修学旅行はこんな薬を持っていってこんな時に飲ませるようにすれば行けるよとか、授業もこういう形ならオッケーだよとか。で、安定しはじめた時期に部活も普通にやって大丈夫って。お医者さんに太鼓判を押してもらわないと、私たちも簡単に判断できないじゃないですか。だから後がすごく楽になったの」

柳先生は担任らと半年に一度のペースで病院へ足を運ぶほか、主治医に病状から判断を仰ぎたいことがある時には、電話でやりとりできるようになった。

結衣さんは3年生になった。

まもなく修学旅行があり、主治医のお墨付きもあって無事に参加することができた。

「すごい強い安定剤を持っていって、発作が起きそうになったら飲むようにということだったんだけど、3日間で全部飲み切っちゃったんだから、結衣さんは大変だったと思うよ」と柳先生は言う。柳先生はじめ、周りの大人も対応にてんてこ舞いだった。

私が卒業間際の結衣さんに、中学生活で楽しかったことを尋ねた時のこと。

結衣さんは満面の笑みで「修学旅行」と答えてくれた。

今、柳先生にその話をすると、柳先生もその時の結衣さんのように破顔する。

「やっぱり行かせてよかったね。楽しいことは覚えてるけど、辛いことは忘れるから」

「こうしなきゃ」からの解放

3年生になった頃から結衣さんは、保健室では丸テーブルの決まった席に座るようになる。柳先生が執務机に着いていても互いが目に入る位置だ。

柳先生は、面白いんだよ、と笑った。

「誰か先客が来てる時は、結衣さん悪いけどこっち座っててと言うと、はい、ってなるんだけど、その子がいなくなると必ずいつもの席に戻るの。保健室登校の子たちちって皆、自分の席が決まっていくんだよねえ」

丸テーブルは元々あったものではない。柳先生が着任早々、事務職員に掛け合って購入してもらったものだ。柳先生はどこの学校でも必ず導入していた。丸だと詰めれば大勢でも座れるし、ちゃぶ台のように皆が集まる場になるからだという。

結衣さんはこの席で、柳先生に自分の話をすることが増えてきた。そんな時、柳先生は結衣さんの横にさりげなく座った。

おしゃべりから見えてきたのは、家庭でも常に気が張っている彼女の姿だった。

「お母さんを助けなきゃとか、下のきょうだいの面倒を見なきゃとか、とにかくこうしなきゃというのがいっぱいあってがんじがらめだったね。落ち込んでる時も自分はお姉さんだというのが頭にあって頑張りすぎちゃうわけ」

例えば結衣さんの顔色が悪い日に、こんなやりとりがあった。

「今の結衣さんはお姉ちゃんなの？　結衣さんなの？」

「お姉ちゃん」

「調子悪い時には、お姉ちゃんじゃなくていいんじゃないの。1日くらい下の子たちをお風呂に入れなくたって死にやしないよ」

柳先生は結衣さんに、もっと肩の力を抜いて、というメッセージを送りつづけていた。

発作も、しょっちゅうではないが相変わらず起こっていた。最初の時と同じように、やはりいつも若い男性教師か男子生徒の怒声が引き金になっていた。

ある時、結衣さんは「ねえ先生」と呼びかけた。「お父さんからの養育費が最近払われてなくて、お母さんが困ってるから、裁判所に行こうと思ってる」

そんな話から、結衣さんの両親が離婚した原因が、父親から母親への暴力であったことを柳先生は知った。

「若い男の人の大声で発作が起こるのは、それが原因なのかなって、ようやく理解できた。

お父さんのDVの声と重なってフラッシュバックみたいになっちゃうんだろうね」

児童虐待防止法は、結衣さんの経験したような「児童が同居する家庭における配偶者に対する暴力」、つまり子どもの前での夫婦（パートナー）間の暴力は、心理的虐待にあたるとしている。

「面前DV」と呼ばれるものだ。

そのダメージは、父親と離れて暮らすようになってからもずっと結衣さんを苦しめていたのだろう。

両親の離婚の条件が父親と子どもたちとの定期的な面会だったというが、結衣さんは「私は会いたくない。でも下の子たちが行きたいって言うから嫌だけど行ってくる」と話していた。本心を押し殺してでも姉としての役割を優先していたのだ。

学校生活でも「こうしなきゃ」と思ったとおりに動けない時など、柳先生と二人きりになると泣き出していた。

そんな結衣さんに影響を与える存在が丸テーブルにやってくる。不定期に保健室登校になる渉君という同級生だ。

渉君は勉強についていけなくて息抜きしたくなると保健室へやってくるのだが、見ていると超がつくほどのマイペースぶり。柳先生が他の子と話していても「先生、先生」とまとわりついたりトントンと腕をたたいたりと天真爛漫で、良くも悪くも「こうしなきゃ」というのがない。つまり、結衣さんとは正反対のタイプだ。

渉君は保健室にやってくる担任と額を突き合わせて、「この授業は出る」「出ない」と選ぶ。出られなくても落ち込んだりしない。

そんな様子を黙ってじっと見ていた結衣さんに、徐々に変化が生じた。学校のことも家庭のことも「頑張りすぎた」「今日はやめる」などと口にして、自分の調子を優先することが出てきたのだ。

父親との面会も、「私は行かない」と時に柳先生に宣言するまでになった。

「保健室のちゃぶ台」を囲んで

真面目な結衣さんは、保健室での自習もきちんとこなしていた。

結衣さんの登校した日は必ず、柳先生が折を見て担任の男性教師に「結衣さん来てるよ、会ってってやってよ」と呼びかける。声をかけられれば、担任は必ず結衣さんのいる丸テーブルまでやってきた。柳先生が「結衣さん、自習でわからないことがあれば質問しなよ」と促し、個別指導が始まることもあった。

柳先生は相談員の長沢さんと話し合い、教室に入れない生徒の対応は、別室よりも保健室を中心にすることにした。そのほうが担任も寄りやすいと判断してのことだ。

それによって、長沢さんが丸テーブルにいることがぐんと増える。結衣さんは来室者のたびに隠れることはなくなっていたが、苦手な男子が来た時などは、長沢さんに付き添われて別室へ避難し、頃合いを見てまた戻ってきた。

新たに着任した当時60代のSC、小野寺順子さんも、カウンセリングの空き時間には「私もここ座っていい?」と結衣さんに尋ね、丸テーブルに着いた。結衣さんへのカウンセリングは病院との重複を避けるため行われなかったが、良き雑談相手の一人となる。

柳先生は結衣さんに、意識して話したことがある。高校から先のことだ。

「結衣さんに限らないけど、保健室登校の子って自信を失っているから、これからどう生きていくか不安なところがあるの。学校行っていない分、勉強ができないとかね。だから、これから毎日学校に来れば行ける高校はあるから大丈夫だよ、というのは言っていた。それだけで励みになるからね」

そんな話が効いたのか、結衣さんは3年生になってから、休むことなく保健室に通っていた。

夏休みが明け、柳先生が「高校はどうする？」と尋ねると、結衣さんはある高校の名前を挙げて「そこに行きたい」と明言した。

柳先生がすぐ、担任に行けそうか確認したところ、「大丈夫だと思う」という返答だった。結衣さんは自信を得たようで、柳先生と二人の時だけでなく、長沢さんや小野寺さんのいる場でも高校の話をするようになる。

長沢さんも、「結衣さんが、私や小野寺さんといても平気で自分の話をできるようになったのは秋ぐらいからかな」と振り返る。

長沢さんや小野寺さんがいる時は、給食も、結衣さんと一緒に丸テーブルで食べる。もちろん柳先生もそうだし、渉君などが加わってさらに賑やかなこともある。

そんな時、柳先生は結衣さんに「将来はどうしたい？」と話題を振った。

結衣さんは「奨学金をもらって短大に行けたらいいな。それで幼稚園の先生になりたい」と具体的に語った。丸テーブルでのおしゃべりできょうだいの面倒を見てきたことを褒められ、それが自らの得意分野だと肯定的にとらえられるようになっていたのだろう。

丸テーブルは結衣さんにとって、勉強する場であり、おしゃべりする場であり、ご飯を食べる場でもあった。まさに保健室という茶の間のちゃぶ台だった。

たくさんの手をかけるチーム支援

柳先生によれば、結衣さんは10月ごろから「すごい成長した」という。結衣さんは知る由もないことだが、そのタイミングは「たくさんの人の手をかける」ための柳先生の態勢づくりが実ってきた時期と重なる。

この年度から、柳先生の要請で、教室に入れない生徒についての連絡会議が立ち上がり、週1回、彼らに対する支援のあり方が話し合われるようになっていた。メンバーには柳先生や教員たちだけでなく、相談員の長沢さんやSCの小野寺さんも加わった。柳先生はその意義をつくづく実感する。

「例えば、親御さんにこんなことを聞きたいという話が出ると、後で小野寺さんがすごく上手に聞いてくれるんだよ。地域や福祉のことは長沢さんがよく把握しているし。それぞれの話を総合して、こんなふうに支援していきましょうと方向性を決めていったの」

会議の場だけではない。

長沢さんが「生徒がいない時間に丸テーブルに集まっては皆で話し込んだよね、もっと良くしたい一心で」と当時を懐かしめば、小野寺さんも「柳先生がリーダー的存在でね」とうなずく。柳先生の周りに、子どもを支える「チーム」の意識が生まれていた。

柳先生は「子どもを主役にしてたくさんの手をかけるほど、子どもは落ち着くし見方も広がる。結衣さんも、私がいなきゃダメというようにはしてこなかったから、私がいないと来ないということもなかった」と話す。

チームのメリットは結衣さんにだけでなく、柳先生にもあった。

「ずーっと一対一でいるとね、私自身が疲れてくるの。保健室では何をやっていても結衣さんに神経が向かっていて気が休まらないから。そんな時には長沢さんや小野寺さんが結衣さんを見ていてくれて、私はちょっと抜けて事務室や職員室でおしゃべりして一息ついたこともあったな。疲れてくると続かないから」

柳先生が元気でいることは、翻って結衣さんのためでもあった。

そんな輪から、結衣さんの転機が生まれる。

連絡会議のメンバーでこの中学に設置されていた特別支援学級の大井満里奈先生が、結衣さんをイモ掘りの授業に誘ってくれたのだ。柳先生は「私が大変だからと誘ってくれたのかな。やっぱりチームですよね」と思い返す。

結衣さんも柳先生や長沢さんと一緒に参加して、特別支援学級で栽培したサツマイモを掘り、畑で焼きイモをすることになった。

大井先生は最初に焼きあがったイモを、特別支援学級の唯一の3年生、悠之介君に手渡して「はい、まずは結衣さんと食べなよ」と言った。悠之介君は、怒ると学校のパソコンを壊してしまうような気難しさがあったが、保健室が好きでちょくちょく顔を見せていた子だ。

悠之介君は焼きイモを二つに割ると、最初は小さなほうを結衣さんに手渡した。だがすぐに「やっぱりそれ貸せ」と言って取り返し、改めて大きなほうを結衣さんに差し出した。結衣さんは「ありがとう」とお礼を言って食べはじめた。普段は他の生徒との関わりが薄い結衣さんも悠之介君も、笑顔だった。

その様子を見ていた柳先生は感動したという。

「みんなで何かをするのって大事だなと思った。いつも一人でいるのと、人のことを考えながら行動できるというのでは全然違うじゃないですか。保健室登校の子と特別支援の子が一緒にやるのはプラスになることがいっぱいあるねって大井先生と話をしたの」

結衣さんは10月から、出られそうな特別支援学級の授業に参加させてもらうようになる。

私が訪れた時も、国語の授業で、悠之介君や長沢さんらとともに百人一首をやっていた。自分の教室ではないにしろ、こうして教室での授業に入っていくことができたのだ。

同時期にもう一つ、チームに支えられながら結衣さんが乗り越えたことがある。10月には合唱祭がある。多くの学校と同じように、この舞台で3年生は集合写真を撮り、それが卒業アルバムに載ることになる。

柳先生は夏休みが明けた頃に、持っていた前年度の卒業アルバムを結衣さんに示しながら、こう言った。

「この撮影には出ようよ。10年や20年経った時に誰が不登校だったなんてわからないし、この写真に写ればこの子がいたってことになるんだから」

結衣さんは、合唱そのものには加われなかった。でも写真撮影だけはと、1ヶ月以上かけて、丸テーブルで柳先生や長沢さんとイメージトレーニングをした。

アルバムを前にして、自分もここに入るんだと思い描きながら、当日の流れを具体的に確認する。舞台の袖までは長沢さんに同行してもらう。舞台上には同級生たちがいるが、前を向いているから袖の結衣さんには気づかない。そこで柳先生が合図をしたらさっと舞台に合流する……。不安が薄れるまでそんなトレーニングを繰り返した。

100人以上の同級生の集団に入っていくことは、当時の彼女には一大事だった。

「あの頃はまだ人見知りをしていたってことだね」と柳先生は言う。

迎えた当日、イメージトレーニングどおり結衣さんは長沢さんと袖で待機していた。そのとき予期せぬことが起こる。

「舞台の上の子たちが、結衣ちゃーんって呼んでくれたんだよね。おいでーって。それで結衣さんも入って無事に撮影が終わって、待ってくれていた長沢さんともよかったねと喜んで。この日、皆がおいでと言ってくれたことで、結衣さんは自分の居場所が保健室だけじゃないとわかってきたんじゃないかな」

卒業目前の飛躍

年が明けた。

私が結衣さんと丸テーブルに座っていると、午前の授業中なのに勢いよくドアが開き「いってー！」と叫びながら右肩を押さえた3年男子が飛び込んできた。体育でバスケットボールをしていて脱臼したようだと本人が言う。

柳先生は「どうするのが楽？」「もうすぐ私学の入試でしょ？」と確認しながら手際よく右腕を包帯で固定すると、男子の保護者へ電話をかけはじめた。

結衣さんは大丈夫かな、と思ってそっと見やると、椅子に座って両足をブラブラさせながら男子の様子を眺めている。「顔が真っ青になってきたよ」と声をかけた結衣さんに、男子のほうも「これ死ぬんじゃね？」と冗談で返す。

結衣さんが大きな声を出した男子に動じず、自分から話しかけたことに、私は内心驚いた。柳先生は男子を病院まで連れていき30分ほどして戻ってきたが、その間結衣さんは何事もなかったかのように落ち着いて、留守番を託された支援チームの一員の大井先生が見守る中、自習を続けていた。

わずかな間に、結衣さんに変化が生じているようだった。

昼過ぎには、年末から保健室登校になっている3年の美咲さんが登校してきた。本章の冒頭で「賑やかな女子」と書いたのはこの子のことだ。

結衣さんは美咲さんに、冬休み前に流行りのダイエット本を買って試したことで「脚がやせてきた」と楽しそうに話している。これも、年末には見られなかった光景だ。

たまたま保健室登校が重なったこの二人の女子だが、柳先生は私に「もともと友達じゃないし、性格的に合わないと思うよ」と話していた。

実際、別の日にはこんなこともあった。

丸テーブルには結衣さんと長沢さんがいて、美咲さんが話しはじめた。

「産休になる先生にどうして赤ちゃんができたんですかって聞いたらさ、コウノトリが運んできたって言うから、先生はどこの誰ともわからないような子を産むんですねって皮肉ってやったんだ。そんなこと子どもが聞いたら、自分はお母さんの子じゃなくてトリの子なのって傷つくよ。お父さんとお母さんに愛があるからって言えばいいのに」

長沢さんは笑っていたが、横にいる結衣さんを見ると、反応がない。自分の父親のことを思い起こして嫌だったのかもしれない。あるいは、この話に限らず性的な話題を好む美咲さんについていけないと思ったのかもしれない。

ただ、それで元気がなくなるかというとそうではなかった。知らん顔で「聞き流す」という選択をしただけのようだった。

美咲さんとのこうしたやりとりから、特段気の合わない同級生とでも、その時々でうまく付き合う器用さが結衣さんに芽生えてきたことを感じられた。

丸テーブルの上には、新年の卓上カレンダーが置かれていた。日付の下には手書きで数字が書き込まれている。結衣さんに聞くと「卒業式までのカウントダウンです」と教えてくれた。休み時間ごとにやってくる女子が書いていったらしい。

日々これを目にする結衣さんも、自然と卒業を見据えることになっただろう。

2月に入るとすぐ、結衣さんは「授業に出る」と言い出した。特別支援学級ではなく、自分の教室での授業に出たいのだと。

柳先生は「結衣さんにエネルギーが出てきたんだね」と喜んだ。

実はその少し前、結衣さんは同じクラスの一番仲の良い女子と喧嘩したのだという。

結衣さんは丸テーブルで泣きながら「あの子が話をしてくれなくなった」と柳先生に打ち明けたのだ。

柳先生が担任に相談すると、担任も相手の子にそれとなく何があったのか聞き出してくれた。教師間で双方の話をすり合わせた結果、言った言わないの行き違いのようだった。

本人同士できちんと話をさせれば、解決できそうなトラブルではある。

ただ、柳先生は結衣さんがそれに耐えられるかが気になって、本人に意向を尋ねたという。

「どうしたい？」

「私は直接伝えたい。思いが違っていたら嫌だから」

「あんたさ、もしダメージ受けるようなこと言われたらどうする？」

「それは我慢する。受け止める」

この子、すごい。強くなったよ――。

柳先生はそんな感慨を覚えながら「わかった、自分でちゃんと話をしたらいいよ。場所は先生が作ってやるから」と約束した。結果、結衣さんと友達は、他に生徒のいない保健室で話をして、仲直りした。

「喧嘩もエネルギーがないとできないからね」と柳先生は、私に向かってにっと笑った。

結衣さんが保健室に通学カバンを置いて教室までの階段を上がっていったのは、それから間もなくのことだった。

思い描いた将来へ踏み出す

卒業式まであと1週間という頃になると、朝の保健室に結衣さんの姿は見当たらなかった。

他の生徒と同じように、昇降口から校舎へ入って自分の靴箱に外履を置き、通学カバンを持って教室に入っているという。軸足が保健室から教室へと移ったのだ。

昼休み、結衣さんが保健室にやってきた。高校入試を終えた直後、柳先生らに「やるべきことは全部やったし、あとは結果を待つのみ！」と言い切ったというのがよくわかる、すっきりした表情をしている。

あまりにいい顔だったので、つい本人に「何かあった？」と尋ねた。

「3年生を送る会に初めて出られるんですよ。だからすごく楽しみで」と結衣さんは目を輝かせて答えた。

卒業を目前に、ついに学校行事に参加できるようになったのだ。1年生の時はそもそも1日も登校していないし、2年生の時には保健室にいても来室者のたびに隠れていた。3年生になってからさえ、10月時点では集合写真に入るのだって苦労だったのに。たった5ヶ月でここまで変われるとは、と驚かされた。もっとも、劇的に見えるその変化は、保健室での雌伏の期間があったからこそ生まれたものなのだろう。

丸テーブルで結衣さんが薬を飲んでいる様子を見て、柳先生とSCの小野寺さんが「次の病院はいつ？」「薬はこれからどうするの」と声をかける。

結衣さんは「私としてはこのまま飲もうと思う。高校行って環境が変わったらまたストレスもあるだろうし」と、ためらうことなく答えた。

まだ入試の結果は出ていなかったのだが、自信を持って高校生の自分を思い描けているようで、聞いていた私もつい顔がほころぶ。

丸テーブルでは、チームの人たちとこんなやりとりもあったという。

「高校に制服はあるの？」と聞かれた結衣さんは「〝なんちゃって制服〟を買うんだ」と、ちょっといたずらっぽく答えた。小野寺さんが「〝なんちゃって制服〟って何？」と聞くと、結衣さんは楽しげに説明した。学校指定のものはないが、自分で制服っぽい服を揃えておけばコーディネートに悩まずに毎日着られて楽だから、かわいいチェック柄のスカートに狙いをつけているのだと。

「どんなチェック？」「へー、いいねえ」「中学のリボンはそのままつけたらどう？」などと場は大いに盛り上がったそうだ。

結衣さんの心は、明るい未来へと向かっていた。


卒業式、柳先生は長沢さんや小野寺さんとともに、結衣さんの晴れ姿を見守った。

「結衣さん、皆の中に入って、皆と一緒に卒業証書をちゃんともらって。その時に『ああ、コイツも普通の子だ』と思うことがあったの」と、柳先生は目を細める。

それは、式での結衣さんの髪型だ。

柳先生は「こんな突拍子もないところでしばってた」と笑いながら、頭頂部から少し横にずれたあたりに拳をあてた。

「あの子だけじゃなくて、みーんなやるのよ。教室で待機している時に自分たちでやるんだよね。そんな髪の毛を見て、普通の子になったなと私思ったんだ」

式が終わった後に保健室での挨拶は？と尋ねると、柳先生はかぶりを振って『自分が普通になったと思うと保健室には来ない』ときっぱり言う。

結衣さんの巣立ちの時は、どうやらそれまでが嘘だったかのようにあっけなかったんですね、と私が言うと、柳先生は、そうそうそう、と繰り返し相槌を打った。そして、少しだけしんみりとした口ぶりで続けた。

「だから、髪の毛だけじゃなくて、ああ普通の子って私思ったのよね。それでいいんだけどね。保健室登校だった子の大体がそう。もう振り向かない」

結衣さんに限らず精一杯支えてきた子たちの後ろ姿を、柳先生はこうやって見送ってきたのだ。感謝してもらわなくていい、無事に飛び立ってくれればそれでいい、と。

結衣さんは、柳先生の願ったとおり、最高の形で保健室から羽ばたいていった。

チームの進化と終焉

取材から5年。2015年から16年にかけて、私は柳先生の自宅にお邪魔した。

結衣さん卒業から3年後、柳先生は同じ中学校で定年退職を迎えた。慌ただしかった日々に一区切りつけてのんびり、とはならず、かつての同僚や生徒、そして家族に頼られるアネゴぶりを大いに発揮している。ご本人は「世話焼きなんだね」と笑う。

結衣さんを送り出してからの話を聞くと、やはり何人もの保健室登校を受け入れていた。そして結衣さん支援から始まったチームは、年々進化していったという。

「チームの連携という意味では、最後の1年が一番いろんな人を巻き込んで、いろんな人の手が加わったの」と、ある女子生徒のエピソードを挙げてくれた。かつての結衣さんのように、保健室登校を始めるまで一度も学校に姿を見せなかった子だ。

養護教諭として迎えた最後の年度、柳先生はまったく登校してこないエリカさんという新入生の存在が気になった。後にわかったことだが、いじめを機に小学3年生から教室に入れなくなり、小学校に登校しても教師から図書室にいるよう指示され、給食もそこで「孤食」だったという。そして6年生以降は、完全な不登校になった。

柳先生は、中学校へ定期的に連絡物を取りにきていた母親をつかまえると、「エリカさんを一度保健室に連れてきてくれる？　身長や体重をはからなきゃいけないから」と声をかけた。

「お母さんも諦めちゃってたのかもしれないね」と柳先生は思い出す。初めてやってきたエリカさんは私服姿だった。つまり、制服さえ買っていなかったのだ。

柳先生は結衣さんの時と同じように、「保健室は困った時に使ったらいいんだよ、ここでも良かったらおいでよ」と誘った。エリカさんは夏休み前、他の不登校の女子2人とともに、給食の時間だけ保健室に来るようになる。

柳先生いわく「ランチタイムの女子会」だ。たまたまその時やってきた生徒も、長沢さんや小野寺さんといったチームの面々も女性ばかりだったから、気楽に来られるようにそう呼んでいたのだという。

丸テーブルで給食をとりながらおしゃべりするうちに、エリカさんの滞在時間は伸びていった。夏休みが明けてちょっとすると、私服から制服姿になった。通える、と判断した親が購入したのだろう。

柳先生は、さらに「たくさんの人の手をかける」べく動いた。

まず図書室の司書教諭に、授業中の居場所の一つとして協力を要請。読書だけでなく、掲示物などの手伝いをさせてもらうことにした。司書から「ちゃんとやってくれてすごく助かる」と褒められ、エリカさんら保健室登校の子たちは自信をつけたようだ。

給食補助のパートの女性には、1日3回、エリカさんらと給食の受け渡しなどで接する機会を作ってもらった。エリカさんらは遊びに行く予定など、学校とは関係のない雑談をちょこちょことするようになる。女性も「子どもと接することができて楽しい」と言って、業務外のコミュニケーションに喜んで応じ、その内容を柳先生に伝えてくれた。

そうこうするうち、エリカさんらは丸テーブルで自習しはじめる。

ところが、エリカさんの口から出たのは「先生、マイナスを足すってどういうことですか」。小学3年生から授業に出ていないエリカさんには、マイナスの概念がなかったのだ。計算能力は九九どまりで、分数なんてわかるわけがない。中学生になってから不登校になった結衣さんとは、基礎学力が決定的に違っていた。

柳先生は振り返る。

「もうショックでね。学力を底上げしないことには学級復帰できない。マイナスの概念さえなかったら、もう数学なんか終わりじゃない？　英語だって何も知らないし。それで、授業をやることにしたの」

柳先生は会議でエリカさんらの状況を説明し、他の教師に協力を呼びかけた。すると「空いている時間なら教えられるよ」と応じてくれる教師が出てきた。そこで、数学と英語を含めた6教科について、別室などで特別授業をしてもらうことにした。もともとチームの仲間だった特別支援学級の大井先生もまた、引き受けてくれた。

時間割は毎週、柳先生が教師の都合をすり合わせて作る。自習時には、漢字検定の目標を定めた。これを半年間続けるなかで、エリカさんのやる気に火がついた。

「当時、家でどれくらい勉強してるの、とエリカさんに聞いたら、毎日7時間だって。彼女はすごく努力したんだよ」と柳先生は讃える。

その頃、丸テーブルで将来の夢の話をした。エリカさんは屈託なく「女子高生になりたい」と言った。柳先生は、将来の夢というにはあまりにささやかなその言葉に、「休まず来たら絶対なれるよ」と励ました。

柳先生が退職したその年度末、エリカさんも保健室を卒業した。というのも、チームと本人の奮闘が実り、2年生から自分の教室で授業を受けられるようになったのだ。そして今では念願かなって女子高生になり、高校生活を謳歌しているという。

さて柳先生のいなくなった後、保健室はどうなったか。柳先生の耳に入ってくる話は芳しいものではなかった。

まず、新しい養護教諭によって、丸テーブルが撤去された。

柳先生は「子どもの座る場所をなくすということは、用がなければ来るなと言っているようなものじゃないですか。そうなると子どもは行かない」と残念がる。

そして、かつてのチームの面々や教職員も、保健室のドアの内側に入ることができなくなった。養護教諭と話がある時には廊下で立ち話、という形に変えられたのだ。

それでも学校に残った人たちはそれぞれに頑張っていたという。だが、まとめ役がいなくなったことで一体感は失われた。自分の教室に入れない子が特別支援学級の授業に参加することも禁じられた。「不登校の生徒は正直来なくていい」と公言してはばからない教師まで現れた。柳先生がいたら烈火のごとく怒って抗議していただろう。

原因を絞ることはできないとはいえ、エリカさんの学年は、柳先生が退職する頃には不登校ゼロになっていたのが、2年後には10人ほどに膨れ上がった。エリカさんとともに「女子会」をきっかけに保健室登校になった2人も、残念ながら不登校に逆戻りしていた。

柳先生は「養護教諭が変わったら態勢がすべて変わるというのは、本当はあっちゃいけないこと。だけど、今の先生には一人で抱えずにチームでやるという実践がないんだと思う」と語る。

養護教諭は基本的に一人職であるがゆえに、自分以外のやり方を学ぶ機会が少ない。そして、保健室という殻に閉じこもろうと思えば閉じこもれる立場でもある。

進化しつづけてきたチームも、柳先生の退職とともに終焉の時を迎えたのだった。

いつかは記憶に蓋をする

結衣さんと柳先生との間には後日談がある。

高校生になった結衣さんは2回、柳先生の保健室へやってきたという。

1回目は高校1年生の夏頃。同じ中学校から進学した子と連れ立って、保健室へ顔を見せにきた。

「それこそ〝なんちゃって制服〟を着てきたよ」と柳先生は笑う。

短い時間だったが元気に通学している様子を確認できて、柳先生はその場に居合わせた長沢さんとともに「高校でも一生懸命やってるんだねえ」と喜び合った。

それから時は流れ、2回目は高校3年生の終わり頃。柳先生の退職を知った結衣さんが、今度は一人、はちきれんばかりの笑顔で「せんせー！」と訪ねてきたのだ。

柳先生の話では、結衣さんは丸テーブルのいつも座っていた席に着くと、「これこれ、このピンク色がいいんだよね」と、そっと愛おしむように天板に触れた。卒業から日が経っただけに、懐かしさもひとしおだったのだろう。柳先生も「よくここにいたよね」と応じた。

そして、柳先生が「飲む？」と差し出した温かいミルクティーに、結衣さんは大喜びした。というのも、かつて結衣さんが丸テーブルで落ち込んでいる時など、ほっとリラックスできるようにといれてあげていた「思い出の一杯」だったからだ。

結衣さんは、マグカップを手に「美味しい。やっぱりこの席でこうしていると落ち着く」とくつろいだ表情を見せた。柳先生は心の中で「そうか、この子はあの頃、ここに座って落ち着いてくれていたんだ」とじんわりかみしめていた。

昔のように並んで座って、結衣さんは近況を語った。

高校では保健室に行くこともなく、無事に3年間での卒業が決まったこと。通院する病院が変わり、新しい主治医から「こんなにたくさんの薬を飲んでいたの⁉」と驚かれて、薬の量が大幅に減ったこと。

さらに高校卒業後は、通信教育で幼稚園教諭の免許取得を目指すことになった、ということも。

丸テーブルで語った将来の夢を、結衣さんはちゃんと追いかけていたのだ。

柳先生は結衣さんの成長ぶりに安堵した。一番伝えたかった『体を大事にしてね』という言葉を添えて、まもなく自らも去る保健室から、結衣さんを送り出した。それが今のところ柳先生が最後に見た、結衣さんの姿だ。

柳先生の手元には今も、結衣さんから中学時代に伝えられた携帯電話の番号が残っている。これまで一度もやりとりに使ったことはなかったという。

私が結衣さんに再会したいと言ったことで、柳先生は初めての連絡を試みてくれた。しかし結衣さんの反応はなかった。

どういう事情かわからないし残念だったが、一方で長沢さんから嬉しい話を聞いた。

少し前に、長沢さんがたまたま入ったスーパーで、レジのアルバイトをしている結衣さんとばったり会ったというのだ。清楚な雰囲気は高校を卒業しても変わらず、声をかけるとニコニコと挨拶して、「頑張ってる？」「はい」などと二言三言会話を交わしたのだという。

休日ともなれば大勢の客でごった返すような繁盛店だ。中学時代の結衣さんからしたら「信じられなかった」という長沢さんの言葉に大きくうなずきたくなるし、接客のアルバイトに就けるほどになったという事実に胸が熱くなる。

柳先生は電話がつながらなかったことを「元気にしてるんだと思うよ、本当に困ったら逆にかかってくるだろうから」と前向きにとらえていた。

その言葉で思い出した。結衣さんの中学卒業間際、柳先生はこう語っていたのだ。

「結衣さんも、いつかは保健室にいた記憶に蓋をしちゃうと思う。横を通りすぎても知らん顔だね」

ちょっと寂しいですね、と言う私に、柳先生はううんと首を振った。

「そうしているのが元気な証拠！」

第4章

性はグラデーションなんだ

まちかど保健室に飾られた絵の由来

こんな場所が身近にあったらいいな、と思う保健室が長野県にある。ひとたび足を運べば、子どもも大人も心がゆるゆるとほどけて、困った時にはまた駆け込みたくなるような。その名を「川中島の保健室」という。

長野市内の閑静な住宅街。ごく普通の戸建ての玄関ドアを開けたその先にスライドドアの入り口があり、靴を履いたまま入れる12畳の空間が広がる。

県内の小中学校で40年間、養護教諭を務めた白澤章子さんが、定年退職した2009年にオープンした。学校の保健室のように、心身や性の悩みを無料で気軽に相談できる場所を地域に作りたい、という思いから自宅を新築して設けた、いわゆる「まちかど保健室」だ。

「私ねえ、川中島の保健室を始めてすごくいいと思うのは、いろんな人と出会えるってこと。もちろん秋山さんもそう。ここに来てくれる、それがありがたいんですよ」

白澤さんが私に向かってしみじみと言う。ここでは誰もが歓迎される存在だ。こんなふうに出会いを受け止めてもらって、嬉しくならない人はいないだろう。

それが証拠に、下は3歳から上は81歳まで、年間のべ640人ほどがこの保健室を利用している。電話相談や、毎月1回開かれる交流会の参加者を含めた数字だが、白澤さん一人で切り盛りしていることを考えると大賑わいだ。

2015年秋。私は4年半ぶりに白澤さんの笑顔に接し、母校の保健室に帰ってきたかのような懐かしさに包まれていた。光がたっぷり差し込む大きな窓に、天然木の肌触りが心地よいテーブルとイス。そこに座って身長計や体重計、人体解剖図の大きなポスターなどを見渡しながら、ああ、変わってないなと安堵する。

部屋に入って正面の壁には、額装された9枚の絵が、円を描くように掛けられている。これも、私の記憶と変わっていない。そして、この絵のうちの1枚が、今回の再訪の端緒になっている。

話は2011年の年明けにさかのぼる。

川中島の保健室を初めて訪れた時のこと。9枚の絵が真っ先に目に入った私は、挨拶を済ませると何気なく、「誰の作品なんですか?」と白澤さんに尋ねた。

いずれも白澤さんが養護教諭として関わった子どもたちの手によるものだったが、そのうちの2枚の由来を聞いて、私は激しく心揺さぶられた。

1枚は、白いユリの花束が描かれた油絵で、90年代後半に中学3年生だった女子の作品だという。

「美術部員でね、見た目はごく普通、髪は染めていないし化粧もしていない。3年生になるまで保健室なんか全然来なかった子なの」と白澤さんは振り返ってくれた。

保健委員が文化祭でエイズについての劇をした2日後のことだった。その女子が保健室にやってきて「先生、私もうエイズかもしれない」と消え入りそうな声で言った。白澤さんは「えっ」と言いかけたのを飲み込んで話を聞いた。

彼女の話は、小学5年生の時、家の近所の暗く細い道を歩いていて、見知らぬ中年男性に倒されてレイプされたことから始まった。誰にも言えず、6年生になって久々に同じ道を歩いたところ、再び同じ男にレイプされてしまったという。

このせいで彼女は、自分を汚れた人間だと思い込んだ。「同級生の男子がいいなと思っても、こんな自分じゃ仲良くなれない」と考え、現実から逃げたくて、テレクラで知り合った複数の男性と場当たり的に関係を持っていた。

話を聞いた白澤さんは、HIVなどの検査を受けるよう励まし、彼女と病院へ行った。同時に、卒業までの数ヶ月間、白澤さんは彼女の自尊感情を取り戻す性教育をしようと心を砕いた。

「あなたは汚い人間なんかじゃないよ。人はありのまま、自分らしく、堂々と生きる権利がある。それを人権っていうんだよ。素敵な恋愛だってしていいんだよ」と言い聞かせる白澤さんに、彼女は涙ぐみながらうなずいたという。

検査の結果は、幸い陰性だった。彼女はユリの絵と手紙を託して卒業していった。丁寧な字で綴られた手紙には「私にとって中3の日々は忘れ難いものでした。これからは、後ろではなく、真っすぐ前を見て歩いていきたいです」とあった。

白澤さんは以来、この絵と手紙を大事にしてきたのだ。


もう1枚は、このユリの絵の隣に飾られている。女の子が目を閉じて両手を広げている、少女マンガっぽい可愛らしいタッチの絵だ。2000年代前半に中学生だった男子が描いたそうだ。絵の女の子の口元は笑っているようだが、「私って……いるいみ……あるのかな……?」とちょっとドキッとするような言葉が添えられている。

男子、と書いたが、その作者は、白澤さんによると「女性の心を持っていたと思います」。その生徒は、教室では「僕」と言っていたが、保健室で話す時は自然と「私」になっていた。同級生から「オカマ」とからかわれ、保健室登校になったという。絵に添えられた意味深な言葉は、自身を否定するような気持ちがにじんだものだったのかもしれない。

その生徒は成人し、女性の格好で生活していると、風の便りに聞いたと白澤さんは話す。

「性同一性障害の可能性のある子にはどこの学校でも出会ってきました」

この絵を見つめて話す白澤さんに、現在進行形で関わっている子がいるかどうか聞いた。

そこで挙げてくれたのが、当時高校1年生だった寺田雅人さんだ。

寺田さんは白澤さんの退職直前の生徒であり、性同一性障害について、中学の保健室で相談を受けたという。本人が自身の性のあり方について親に伝えた際には、白澤さんが支えた。そして退職後も、川中島の保健室でつながっていた。

川中島の保健室の図書貸出ノートを見せてもらうと、寺田さんは何冊もの本を借りていた。『私はトランスジェンダー』『同性愛の基礎知識』『女から男になったワタシ』『男でも女でもない性』……。タイトルを一覧するだけで、寺田さんが自分のことを知ろうと一生懸命に模索する姿が想像できるようだった。

そのとき寺田さんを取材させてもらえないか、と白澤さんにお願いしたのだが、後日受け取った返事は、今は仲介できそうもないというものだった。寺田さんの父親が性同一性障害という言葉に拒否感があり、本人が未成年なので難しいということだった。

それからというもの、私は寺田さんのお気に入りだという本を手に取るたび、いつか会えたらと願ってきた。

そして2015年。成人した寺田さんは、変わらず川中島の保健室とつながっているという。満を持して同じお願いを白澤さんに申し込むと、今度は快諾してもらえた。

LGBT（同性愛者や性同一性障害などの性的マイノリティ）の子と、保健室の結びつきを知りたい。それこそが4年半ぶりの再訪の目的なのだ。

性教育の持つ力

電通ダイバーシティ・ラボの2015年の調査によると、日本国内でLGBTの割合は7・6％。およそ13人に1人の計算となる。学校でいえば、40人学級なら、3人はいてもおかしくない。

しかし、私の知る養護教諭の中には「私の見てきた生徒の中にはいませんね」と自信満々に言い切ってしまうような人もいた。

白澤さんは性同一性障害の可能性のある子に「どこの学校でも出会ってきた」と言った

が、その発言は性についての深い認識に裏打ちされたものであり、子どもの側も、白澤さんにはありのままの自分を出しやすい面があったのだろう。寺田さんと出会うまでに白澤さんが歩んできた道をたどってみると、そのあたりがよくわかる。

白澤さんは1969年に養護教諭になった。

最初に着任した小学校では、児童の虫歯と回虫の改善が課題だった。養護教諭なのに栄養士がわりに給食の献立の立案や発注をし、時には調理まで手伝った。

70年代は小中学校で勤務したが、回虫が治まった頃から、アトピーや喘息の子への対応が増えたという。

80年代に入ると、白澤さんは、自分が子どもの心に寄り添えていないんじゃないかと悩むようになる。子どもの非行のサインを見逃したり、子どもと話をしようにも自分のほうを向いてくれないと感じたりすることが出てきたのだ。

保健室の扱う中心的な課題が、体から心へと移行していく過渡期だった。白澤さんは、先輩の養護教諭に触発され、全国各地の勉強会を自費で駆けまわるようになる。

そんな中で出会ったのが「性教育」だ。

それまで、白澤さんが親しんできたものといえば「純潔教育」だった。

「純潔教育とは、大人になるまでセックスはしちゃいけない、女の子には生理（月経）がある、ということを教えるようなもの。男の子の性の問題については全然教えなかったし、ましてやパートナーとの素敵な関係なんてなかったですね」という。

そんな白澤さんが初めて触れた性教育は、性的な自立や共生を目指そう、科学教育と人権教育を大事にしよう、というものだった。男女ともに体のメカニズムを正しく理解し、自尊心を育み、他者と対等な関係を築く取り組みだ。

「私は男尊女卑の時代に育っているでしょう？　男性のほうが絶対に偉い、女性は夫に従うべし、というようなことをずっと疑わなかったんです。自己肯定感もあまりなくて、自分は頭が悪いのによく養護教諭になれたもんだと卑下するくらい。そんな私が性教育を学んで、『ああ、私は私でいいんだ』と思えたんです」

例えば、その当時に子宮の仕組みを知ったことが、白澤さんの自己肯定感に影響を及ぼす。

「普段は小さな子宮が、赤ちゃんの生まれる寸前にはうんと大きくなって、容積は2000〜2500倍にもなり、産後はまた縮む。すごい機能を女性は持っている、女性ってすごい、と感激しました。学べば学ぶほど、自分を好きになっていったんです」

性教育の持つ力を身をもって実感したことで、子どもに伝えるのにも熱が入り、子どもの側も身を乗り出すようにして話を聞いてくれるようになる。

94年度に勤めていた中学校での保健だよりには、授業参観日に、同性愛の学習をしたことをまとめている。「人それぞれに好きな色があるように、それぞれ性的指向が違うだけで、おかしなことではないよ」という内容だ。

生徒たちは学習後に「先生の言ったとおり、赤が好き、青が好きというのは自分の勝手で他の人が色々と言う権利はない」「エイズ＝同性というのは、すごくひどい」などと、たくさんの感想を寄せている。「正直に言うと、同性愛者はイヤだと思っていたが」「同性愛は、やっぱりいやだとか汚らしいイメージが強かったけど」という前置き付きで、従来の見方が変わったという声もある。

この時代、子どもたちは今以上に同性愛について考えを深める場を持っておらず、それだけに白澤さんの授業が鮮烈だったようだ。

この感想にもあるが、白澤さんがエイズについて関係者から学び、学校で伝えることも多かった。長野県は１９８６年、日本でも初期にＨＩＶ感染者が出て大騒動となっただけに身近な問題であり、正しい知識が必要だと感じていたからだ。この努力が、ユリの絵の彼女の告白にもつながっていく。

2000年代後半、最後の勤務校である中学校では、性教育で関係を築いた生徒から思わぬ問題が発覚したことがある。妊娠の相談を受け、避妊や性感染症について丁寧に教えていた3年の女子が、保健室で「薬物をやった」と言い出したのだ。

性というデリケートな部分で向き合ってくれた白澤さんになら話してもいいかな、と思ったのかもしれない。白澤さんが詳しく聞き取ると、地元の年上の知人から無料でもらったのをきっかけに、複数回手を出していた。

白澤さんは、「娘の狂言だ」といって取り合おうとしない母親を説き伏せ、本人や母親と一緒に、薬物依存の回復支援施設であるダルクへ向かった。ただ、母親は待ち合わせに30分以上遅れ、来るはずの父親は来なかった。白澤さんは「家庭が温かければ、そもそもセックスに走っていかない。彼女はやるせなかったんだと思う」と慮る。

その日以降、白澤さんは、彼女が1日薬物に手を出さなかった証に、カレンダーに丸印をつけていく記録を本人と一緒につけた。冬休みにはわざわざ、「今のところ全部◯だよ」と書いた彼女からの年賀状が、白澤さん宅に届いたという。

「自分を真剣に見てくれるというのが嬉しくて、年賀状をよこしたんでしょうね。自分が大切にされているという体験は、子どもの成長過程に必要なものなんです」と白澤さんは振り返る。

白澤さんが養護教諭として過ごした40年間、世のありように従って子どもがSOSを出す問題は変わっていき、保健室の役割もまた変化してきた。

その最後の年に関わることになった生徒が、寺田さんだった。

本当は女性になりたかった

いよいよ、寺田さんと二人で会う約束の日曜日を迎えた。

中学時代の寺田さんについて、私が白澤さんから聞いていたのは次のようなことだ。

父子家庭に育ち、歌うことが大好き。学校でも女性ものの着物やドレスを着付けてコンサートをしていた。白澤さんに「実は男性が好きで性同一性障害かもしれない」と相談したのは2年生の時。本人が父親との関係に悩んでいたため、白澤さんが父親と話をしたという。

待ち合わせの駅で電車を降りると、駅前には果樹園だろうか、収穫を待つ赤いリンゴが木々に実っていて秋晴れの空によく映える。

平日には通勤や通学客で混雑するという駅も、この日は駅員の姿さえ見当たらない閑散ぶり。おかげで、約束の時刻に現れた人が寺田さんだとすぐにわかった。相手も同じだったようで、目が合った瞬間、寺田さんの表情がふわっとほころんだ。

寺田雅人さん、21歳。春から働きはじめた社会人1年目だ。

「まだ見習い中のような半人前です」と謙遜するが、チェックの長袖シャツにベージュの綿パンツという装いや、丁寧で静かな語り口が、年齢より落ち着いた印象を与える。取材は周囲の耳目を気にしなくていいよう、カラオケ店の個室で行うことになった。

店に入ると寺田さんは、「中学生の時、白澤先生を通して、性同一性障害を乗り越えた方から、社会的・文化的な性であるジェンダーについての資料をもらったことがあるんです」と切り出した。さっそく自身の性について話そうとしているようだ。

「今の自分のジェンダーは、女としてのベースがあっての男だと思っています。生活する中で、自分のちょっとした仕草や歩き方に『今の男っぽかったかな』と感じることがよくあるんです。普通だったら男なんだから当たり前ですよね。でも女っぽかったかなと気にすることはない。だから根源には、自分は女性だっていう気持ちがあるんだと思うんです」

寺田さんの性的指向（性愛の対象）が男性というのは、一貫して変わらない。一方で、中学時代は自分のことを性同一性障害だと思っていたが、現状はそうとも言い切れない、と言い、今の気持ちをこう説明する。

「どちらかというと女性になりたいという思いが強いし、希望どおり生きられたら幸せだと思うんですけど、今の時点では男として生きているほうが楽な部分もある。最近は、もう性別にとらわれていないです。体は男だけど、精神は形のない世界だから、男だろうが女だろうが一人の人間として生きていきたい」

だからこの本でも、少々くどくなるかもしれないが、「彼」や「彼女」という代名詞を使わずに「寺田さん」と書いていきたい。

寺田さんは生い立ちから語ってくれた。

両親は寺田さんが0歳の時に離婚。父親が寺田さんを男手一つで育ててきたという。

保育園児だった頃の寺田さんの音声を録音したテープが残っている。

「それを聞いたら、『本当は女性になりたかった』と言っているんです。当時の写真を見ても、フリルのついた服を着て、これ女の子が着る服じゃんかという感じで」

つまり、物心ついた頃から性別違和感を持っていたようだ。

小学校に上がると、児童館の砂場で、高学年の男子たちから「オカマ」と言って砂をかけられることがあった。児童館の職員が気づいたものの、「オカマ」という差別用語を叱ることはなかった。

学校ではいじめらしいことはなかったが、教師からは奇異の目を向けられていた。

「3年生の頃、若くて熱血な男性の担任が、家庭訪問で『寺田君は女の子とばかり遊んでいます』と言ったんです。ちょっと変だ、大丈夫なのかと。その先生はよほど心配だったようで、カウンセラーらしき人に会わされたこともあります。午後の授業の時に、突然『女の人が待ってるから会って話をしてきて』と一方的に言われて。行くと知らない女性がいて、なんでも相談してと言われました」

実はその時、寺田さんの心は高鳴った。というのも、顔も思い出せない母親なんじゃないか、と思ったからだ。「お母さんですか」と尋ねると、「違います」という答えが返ってきた。何度かそのやりとりを繰り返すと、女性と話すようなことは特段なくなった。寺田さんに相談したいことなどなかったからだ。

5年生になると、クラスメイトの男子に初恋をした。

「女の子たちが伝える場所を用意してくれたんですけど、言えなくて。彼も薄々感じていたらしくて、色々と優しくしてくれていました。みんな優しかったですね」

保健室には放課後にしょっちゅう行っていたが、悩みがあったからではない。家に帰っても誰もいなくて寂しいし、散らかった家に友達を呼ぶわけにもいかない。暇つぶしのために、日替わりで保健室か図書室を居場所にしていただけだった。

実際、白澤さんによると、小学校の養護教諭から中学校に対して、寺田さんについての特別な申し送りはなかったと記憶しているという。

つまり小学生の時は性別違和感があっても悩むことはなかったわけですね、と寺田さんに尋ねると、「はい」と明言した。

「保育園や小学校の同級生からは、小学校の時は明るかったのに中学ですっごく変わったよね、といまだによく言われます。それまで明るかったのが、自分の殻に閉じこもるようになりました」

カミングアウトで始まったいじめ

中学校は大規模校で、いくつかの小学校から生徒が集まっていた。こぢんまりとして居心地の良かった小学校とは雰囲気が一変した。

寺田さんは、周囲から男子として扱われることに戸惑った。

「女の子と話すだけで、男子から『お前何話してんだよ』と言われるので、身動きが取れなくて辛かったですね。これまでみたいに女の子の話し言葉や仕草をしたらいじめの標的にされるなと感じて、ひた隠しにして頑張ったけど、誰とも話が合わなくて。どうしていいのかわからなかった」

人と話す時の一人称も「私」から「自分」に変えた。実はこの取材時も、寺田さんは最初のうち「自分」と言っている。それが「私」に切り替わったのは、会ってから2時間は経ってからだった。中学入学以来、こうして気を遣ってきたのだろう。

入学から3ヶ月ほどして、クラスメイトとそれなりに打ち解けた頃、寺田さんは賭けに出る。本当のことを言えば楽になるかもしれないと思い、クラスの男子と雑談している最中に、「男性が好きなの」とカミングアウトしたのだ。

だが、淡い期待は一瞬で打ち砕かれる。

「やっぱり受け入れてはもらえなかったです。それが引き金となって、『何こいつ、気持ち悪い』『オカマじゃん』と馬鹿にされるようになりました」

男子のからかいがいじめに発展するのに、時間はかからなかった。

挨拶代わりに「死ね」と言われ、腕を殴られて肩が上がらなくなるのは日常茶飯事。右脚の脛には、その当時に蹴られて腫れ上がった痕が今も残る。

授業中には、背後からライターを改造したスタンガンのようなものを当てられたり、消しゴムのカスや紙くずをかけられたりして、まともに勉強することができない。当然、成績も低空飛行となる。

それにしても、授業中の教室でこのようなことが起きていて、教師が気づかないものだろうか。そう問うと、寺田さんはきっぱりと言った。

「先生は気づいていても無視します。注意してくれた先生は2人だけです。先生は見て見ぬふりなんだという思いは、未だにずっと引きずってますね」

実はこの時期、担任である中年の男性教師と話をした折に、自分はこういうことで悩んでいるんです、と同性愛についてやんわり伝えたことがあったという。担任は「保健室の先生がよく知ってるから、言えたら相談してみて」と答え、その話は終わった。

しかし寺田さんは、この時点では、保健室で相談しようとしなかった。

「いつか小学生の時みたいに溶けこめるんじゃないかと楽観していたところもあって、まだ相談するほどでもないかと。でも現実は違っていじめの日々が続きました」

担任は3年間変わらずこの男性教師だった。寺田さんは「いい面もある先生だった」と擁護するが、この担任が寺田さんを追い込むようなことがしばしば起こる。

2年生になり、「自分の名前は伏せてほしい」としてクラスのいじめの一端を相談したところ、翌日には男子たちから「先生がお前から聞いたって言ったぞ、このチクリ野郎」と激しくなじられたのだ。それからは、パンパンに膨らませた風船を頭に押し付けられて割られても、黙ってひたすら耐えた。

「やめてと言ってもうるせえと返されるだけで、何回言っても直らないから、疲れちゃって。体調不良が当たり前になって、学校を休みがちでした」と寺田さんは振り返る。

父親にも一度だけ、いじめに遭っていることを漏らしたという。が、「男だったら真正面から闘え」と言われただけで、これも良い方向にはつながらなかった。

「味方が誰もいなくて、常に一人だし、人間不信になっていました。1年生の時からですけど、口内炎が常時2、3個できて、肌が荒れて、髪もどんどん抜けて。地肌が見えてきた時には『ああおしまいだな』って」

おしまい、という言葉が出てくるほどに、追い詰められた心境だったのだろう。

GID（性同一性障害）学会理事長の中塚幹也・岡山大学大学院教授の調査によると、岡山大学病院ジェンダークリニックを受診した性同一性障害当事者のうち、MTF（心の性が女性で体の性が男性の当事者）で自殺念慮を持ったことがある人の率は63・2％にものぼる。その第一のピークは思春期である中学生の頃だという。

こういうデータがあると寺田さんに伝えたところ、「自殺はやっぱり……考えたことはあります」と語った。

「死への誘惑は、毎日ありました。休み時間に一人で本を読んでいると、教室のベランダから飛び降り自殺するイメージが突然浮かんでくるんです。周りはうるさいはずなのに、頭の中はしんとして、その瞬間、自分の体が空っぽみたいに感じて目頭が熱くなってきて」

当時のことを寺田さんは「どん底だった」と表現する。

3日間の保健室登校

寺田さんを辛うじて学校につなぎとめていたのは、大好きな歌の力だった。

2年生になったばかりの頃、課外活動の最中に、クラスメイトに「歌うのが好きなんだ」と話した。その流れで歌を歌ったところ、「すごいうまいじゃん！　放課後もっと歌ってみてよ」と褒められたのだ。

さっそく翌日の放課後、教室でコンサートを開いてみた。結果は大成功だった。

「その時男子がたくさん来てくれて、少しいじめに加わっていた子もいたんです。それを見て、『歌だったら自己表現ができるし生きていく道があるな』とはっきりわかりました。その後もいじめはあったけど、いじめっ子たちも歌は認めてくれて、妨害するようなことはなかったです」

この日から、放課後の教室や学校行事で歌うことが、学校生活唯一の楽しみとなる。とはいえ、そう毎日コンサートを開けるものでもない。日常に戻れば、教室のベランダから飛び降りるイメージが頻繁に降ってくることに変わりはなかった。

クリスマスが近づいてきたある日、寺田さんのその後を変えるきっかけが訪れる。寺田さんは学校の会議室の前で、小学校の同級生の女子と鉢合わせした。彼女は中学入学後から保健室登校になっていた。

久しぶりのおしゃべりに花を咲かせ、寺田さんはクラスでいじめられていることを打ち明けた。するとその子は「そんな思いをするんだったら、教室に戻らなくていいから保健室にいなよ」と言った。

寺田さんは「保健室は悩み事で行ってもいいところなんだ」と初めて悟った。

避難場所を見つけてふっと肩の荷が下りるのを感じた寺田さんは、その子の勧めに従うことにして、その足で保健室に向かった。

生徒数の多いこの学校には、2人の養護教諭がいた。寺田さんはまず20代前半で年齢の近い筧志保先生に、いじめのことから性で悩んでいることまでを語った。すると筧先生は「性のことは私よりも白澤先生がすごくよく知っているから」と説明して、白澤さんに話を通してくれた。

寺田さんは初めて白澤さんと二人きりで向き合い、男性が好きで性同一性障害なんじゃないかと悩んできたことを打ち明けた。

白澤さんはじっくりと話を聞くと、寺田さんに「よく話してくれたね、辛いことがあったらいつでもここに来ていいんだからね」と言った。そして寺田さんの目を見て「ありのままの自分でいいんだよ。あなたはあなたなんだから」と強調した。これ以降、寺田さんが繰り返し聞くことになる言葉だ。

存在を否定されるような言葉ばかり投げつけられてきた寺田さんは、白澤さんのメッセージに胸がいっぱいになった。

「白澤先生との出会いで、自分はこのままでいいんだと思えたんです。その日から保健室が自分の居場所になりました」と語る。

この日を含めて、寺田さんは3日間、保健室登校をした。

なぜ3日間だけ、という私の問いかけに、寺田さんは「その時も担任の先生が……」と表情を曇らせた。

最初の日、担任は寺田さんに「いじめをした子たちが謝りたいと言ってるから、明日の朝は必ず教室に来いよ」と言った。その頃の寺田さんは毎晩ベッドの中で朝が来ないことを祈り、遅刻する日々だった。

翌朝、這いずるようにして学校へ向かったが、やはり遅刻してしまった。担任はすごい剣幕で「なんで皆が待っていたのに来ないんだ」と寺田さんを責めた。しかし寺田さんが、待っていたのは誰なのか尋ねると、いじめていた子たちの名前は出ない。周囲で見ていた女子たちが何もできなかったと泣いているというのだった。

「それを聞いて落胆しました。本当に謝ってほしい人たちじゃないし、自分がその子たちを悲しませたのが痛ましい気持ちでした。いま教室に戻ってもきっとまたいじめが繰り返されるだろうなと」

3日目、寺田さんを見つけた担任が「何で教室に戻らないんだ、戻れ」と怒鳴り、引っ張るようにして寺田さんを教室へ連れ戻した。

白澤さんは当時そんなやりとりがあったことを知らなかった。「わかっていれば絶対怒るし、担任の先生は喧嘩になると思って、私のいる保健室では言わなかったんだと思います」と話す。

こうして寺田さんの短い保健室登校は幕を閉じた。案の定いじめは続いたが、保健室に頻繁に足を運ぶようになった寺田さんの心境は、以前とは違っていた。

「私には保健室がある、と思えるようになりました。白澤先生はお母さんに近い存在なのかもしれない。優しくて、陽だまりのようで。だから毎日学校にも行けました」

自殺のイメージがよぎると、「白澤先生がついていてくれるから負けてられない。私は生きるんだ」と自らを鼓舞した。

父親への告白

年が明け、学校での苦悩が多少なりとも和らいだ寺田さんの心は、家庭内でずっと気にかかっていることに向きつつあった。父親に、男性が好きだということや、性同一性障害じゃないかと悩んでいることを「ちゃんと言わなきゃ」と思ったのだ。父親がわが子の趣味や関心から、それとなく察している様子があったからだ。

父親へ告げるつもりだと白澤さんに伝えると、「お父さんに正直な気持ちを伝えられたらいいね」と励まされた。

チャンスはすぐに訪れた。

日曜日、父親と車で出かけることになった。二人きりの車内は昼下がりの光に満ちて暖かく、寺田さんは「今なら話しやすいかな」と感じて口を開いた。

「お父さん、実はね、自分は男性のことが好きで、女性になりたいとも思ってる」

横に座る父親はその告白を聞いても、大きく表情を変えることはなかった。もともと人前でうろたえたり弱いところを見せたりするような性分でもない。

父親が最初に言ったのは、「薄々感じていた」だった。

そして毅然と、たしなめるように続けた。

「男として生まれたからには、男としての役割というものがある。お前が男性を好きになるのは、お父さんが男手一つでかわいがって育ててきて、お前もお父さんを頼って生きてきて、他の若い男の人にも優しくしてもらいたいという思いを抱いてしまうからじゃないか」

寺田さんはその瞬間「違うもん！」と思ったが、それを口にするより早く、父親がきっぱりと言った。

「そんなこと、もう考えるんじゃない。そのうち治るだろう」

寺田さんは反論したい気持ちをぐっとのみ込んだ。

それから日を置かずして、父子は衝突する。

100円ショップに行った際、寺田さんは化粧品を買った。女性タレントの美容本を読んで、同じような道具を揃えたいと憧れていたのだ。

しかし買い物に同行していた父親は、店を出るや、「何を買ったんだ」とすかさず寺田さんの買い物袋をチェックした。その中身を見ると眉をしかめ、「こんなことやってる場合じゃないだろ」と怒って、その場で捨ててしまったのだ。

小学生の頃にも化粧品を買ったことがあったが、その時は父親も「遊びだからまあいいだろう」と許容していたという。寺田さんは「もう、すごいショックで。恨みつらみをぶつけました」と振り返る。

この頃、寺田さんは父親との一部始終を白澤さんに話していた。

白澤さんとしては、「治る」という父親の発言が、気がかりだった。

性自認（心の性）や性的指向は生まれながらのものであり、育てられ方の問題ではないとされる。心の性を体の性に無理やり合わせようとするのは無駄なばかりか、うつ病や自殺につながる。心を否定することは、その人の本質を否定することになってしまうからだ。

「お父さんに女の人になりたいと言ったら怒られちゃった」「メーク道具捨てられちゃった」と日々落ち込んだり嘆いたりする寺田さんに、白澤さんは「わかってもらいたいよね」と慰めた。

白澤さんから寺田さんの父親に電話をかけることにした。

白澤さんによると、寺田さんの父親との電話は、時間にして20分ほど。まず、性自認や性的指向は「治る」とか「治す」ものではないことを、丁寧に説明した。

父親は静かに聞いた後、「息子は学校ではどんな様子ですか」と尋ねた。白澤さんが「いろんなところで気を遣っているので、生きづらい面があると思います。寺田さんが自分らしく生きられる方法を一緒に探していきましょう」と言うと、父親は「わかりました」と答えた。電話越しには落ち着いた様子だったという。

寺田さんが見たその日の父親の印象は、だいぶ異なる。

「電話の後、怒っていたんです。男手一つで育ててきたわが子を性同一性障害のように言われるのは嫌だって」

寺田さんは電話でどんなやりとりがあったのか、このとき私が伝えるまでよく知らなかったという。

「電話の後、お父さんから、もう白澤先生に会っちゃいけないと言われたんです。なんでそんなこと言うのかわからなくて、すごくお世話になっている先生なのにと、お父さんのことを嫌いになりました。治らないと聞いてすごく傷ついちゃったのかな。普通の男の子として生きてほしい気持ちと、本当の自分らしく生きてほしい気持ちとで板挟みになっていたんでしょうね。今わかりました」

ただ、電話の直後こそ怒っていた父親だが、その日を境に態度が軟化していくのを、寺田さんは肌で感じていた。寺田さんが女性のような格好をして歌うことについて、あれこれ尋ねてくるようになったのだ。寺田さんは白澤さんと変わらず接していたが、それについても黙認していた。

寺田さんは「白澤先生の電話があってよかった」と感謝する。「それが一つの起爆剤になって、お父さんはお父さんなりに考えてくれたんだと思います」

将来への不安と「先輩」の言葉

白澤さんは保健室の本棚に、ＬＧＢＴに関する本をたくさん置いていた。

それまで寺田さんは、こうした本を手にしたことがなかった。「図書館にはそもそも置いていないし、こういう資料ありますかとも恥ずかしくて聞けなかった」からだ。

「何冊でも持っていっていいよ」と白澤さんに背中を押され、寺田さんは多い時だと一度に5冊は借りていった。それほど情報に飢えていたのだ。

「例えば性自認という言葉も、当時はまったく知らなかったんです。他では得られない知識を本からたくさん学べて、どう生きればいいか具体策も見えてくるし、何より、自分はおかしくないんだと安心できました」

さらに寺田さんは、男性から女性へと性別適合手術を受けた人が県内にいることを白澤さんから紹介された。小川マリコさんという人で、勉強会で知り合ったという。白澤さんは小川さんから了承を得たうえで、「何か聞きたいことがあったら相談するといいよ」と電話番号を教えてくれた。

寺田さんにとっては、初めて接する性同一性障害の経験者だ。

小川さんは、手術の前後で同じ職場で働き、同僚だった男性と結婚している。寺田さんは、自身の将来が見通せなかったことから、仕事や結婚についてあれこれ尋ねた。小川さんは真摯に答えてくれた。

「小川さんは、職場の人に野次られるなど、大変な思いをしてきたそうです。それでも同じ職場で働きつづけるというのはなかなかできないことだし、そんな中でも結婚しようと思ってくれる人がいたなんて、すごく素敵だなと思いました」と振り返る。

ＬＧＢＴの子どもは、地域で生活している成人の当事者の姿が見えにくいことから、大人になるイメージを描けず、将来への不安が生じやすい。そういう意味でも、思春期にお手本を見出すことのできた寺田さんは幸運といえるだろう。

寺田さんは小川さんへの電話で、父親に化粧品を捨てられてしまったことについてこぼした。小川さんは優しく、「今はお父さんにお世話になっているから、言うことを聞かなきゃいけない部分もあるんじゃないかな。大人になれば自分のしたいことをできるから、その時にやっても遅くはないんじゃない」と諭した。

同じような経験をしてきたはずの先輩の言葉は、寺田さんの心にすっと染み込んだ。

その頃、寺田さんの中で、ある思いが大きくなっていく。

「私のような人がいてもおかしくないんだと伝えたい」と考えるようになったのだ。

身近なところでは、白澤さんや筧先生以外の教職員、特に男性教師がＬＧＢＴについて理解してくれていると思えず、その状況を変えたかった。

担任に提出する作文には、性のことやいじめについて繰り返し書いた。

「他の子には私みたいに苦しんでほしくない、という思いがあったんです。いじめられている子がいたら守ってほしいし、相談に乗ってほしいし、助けてほしいと」

偏見と闘っていく情熱

当時、寺田さんが書いた作文に、「私が思う性同一性、同性愛について」という題のものがある。引用すると次のような内容だ。

「ぼくは、自分自身のことを〝私〟と呼ぶことが多い。それは、自分自身が生きやすいからです。

私は、保育園の頃から女の子になりたいと思っていました。私自身の中で男性として生きていくより女性として生きる方が生きやすいというのがこの頃からありました。

しかし、その生き方を自分がマネて生活すると、〝オカマ〟〝ゲイ〟とバカにされ、暴力も振るわれることがありました。

しかし、私は自分の生活パターンを変えませんでした。

なぜなら、いじめを振るわれる反対に女の子と遊んで自分が自分らしく輝けていた面もあって、いじめから癒されていたのだと思います。

いじめについては、その後、度々ありましたが、身近にいる周りの人は、理解して支えてくださいました。本当にありがたかったなぁと思います。

いじめは、今はされた場合は、無視をするようにしています。性同一性障害の方や周りの人と話していくうちに、それが一番いいことを知りました。なので今は〝死ね！〟だとか〝気持ち悪い！〟と言われても知らん顔をしています。何も悪いことをしていないのに軽蔑されたりバカにされたりすることは、おかしいことだと思います。そういうことをする人は無視して、堂々と自分らしく生きるべきだと思います。

今の自分は、同性愛者や性同一性障害のことを多くの方に知っていただき理解してほしいと思っています。そのために、先生方のところを回り、話して、少しでも知っていただこうと励んでいます」

作文の最後に「先生方のところを回り」とあるのは、寺田さんが月1回、自身の体験談や、白澤さんに借りた本から得た知識をまとめたプリントを作って、教職員に配りはじめたことを指している。

2年生の終わり、3月に発行したプリントは、「私は性同一性障害で悩みました」という書き出しで始まる。「おネエ系タレント」ブームが起こる一方、性同一性障害への理解が進んでいるとは言えないので、悩んでいる人の立場になって一緒に考えてほしい、と訴えている。

寺田さんがプリントの原本を書き上げると、白澤さんは目を通して一緒に修正したり、配布する人数分のコピーをとってくれたりとサポートした。

「白澤先生は、偏見と闘っていく情熱を応援してくれました」と、寺田さんは懐かしむ。

その3月で白澤さんは定年を迎えたが、すでに「川中島の保健室」を開くことが決まっていたため、縁が切れることはなかった。

さらに寺田さんが恵まれていたのは、お母さんのようだという白澤さんと並び「お姉さんみたい」と慕っていた筧先生が、3年生になっても残っていたことだ。

寺田さんにとって保健室が貴重な居場所であることは揺るがなかった。

LGBTへの教師の無関心は悪意なき加害

3年生になっても、寺田さんの「偏見との闘い」は続いた。偏見でさえなく、無関心といったほうがいいかもしれない。

「これは、先生方に向けて放課後に講演会をやろうと思って作ったものなんですけど」と、寺田さんは黒の太ペンで手書きした一枚のポスターを差し出した。

縦軸に「性自認」、横軸に「性的指向」と書かれた表で、性のあり方を説明するためのものだ。これも、白澤さんから借りた本を参考にしたのだという。

寺田さんは、講演会を企画してからというもの、担任をはじめ教師一人ひとりに「ぜひ来てください」と声をかけて回った。

だが蓋を開けてみると、やってきたのは養護教諭の2人と図書館司書という元からLGBTに理解のあった3人のみ。特に来てほしかった男性教師たちは一人も姿を見せなかった。

寺田さんは「もしかしたら職員会議などがあって来られなかったのかも」と言うが、仮にそうなら事前にわかることであり、誰か一人でも「日付を変えたほうがいいよ」と伝えてあげればいい。あるいは昨今叫ばれているように、部活動の顧問で放課後の自由がきかない教師が多かったのかもしれないが、それもまた、寺田さんに一言説明することくらいできたはずだ。

無関心を目に見える形で突きつけられた、中学生の寺田さんの落胆を思うと切なくなる。

「先生方は、この問題に深入りしたくないというのが現実なんですかね」と寺田さんは語る。

もっとも、寺田さんの学校の教師が特殊なわけではない。

日高庸晴・宝塚大学教授らがゲイおよびバイセクシャルの男性約2万人を対象に2014年に実施した調査によると、教育現場で同性愛についての情報を「一切習っていない」が61・4%、「否定的な情報を得た」が20%、「異常なものとして習った」が5・7%を占める。実に9割弱の当事者が、学校で望ましい対応をされなかったことになる。

日高教授が2011～13年に教員約6千人を対象に行った別の調査でも、LGBTについて授業で取り入れた経験が「ある」と答えたのは13・7%だけ。取り入れない理由として多かったのが、「教える必要性を感じる機会がなかった」(42・3%)、「同性愛や性同一性障害についてよく知らない」(26・1%)だった。

ベテラン教師ほど養成課程で学んでいない分野のため、どう教えていいかわからないという戸惑いがあるのだろう。また、知識のない教師だと、当事者の生徒が身近にいてもおかしくないことに思いが至らず、教える必要性を感じないというのも考えられる。

白澤さんも退職前、同僚たちに理解を広げようと奮闘していた。

「職員会議で説明したんですよ、性同一性障害のこと。こういうお子さんがいて、性同一性障害ってこういうふうなんだって。でも、伝わらなかったのかもわからないね」

特に担任とは、寺田さんについて話していたという。

「担任の先生からは、寺田さんが性同一性障害かもしれないからお願いいってことは、うんと言われてました。理解できなくて先生も困ってたんだろうね」

寺田さんが3年間を通じ、担任に対して相談したり作文を書いたりと状況を訴えていたのは見てきたとおりだが、担任は結局、保健室に対応をお願いする以上に理解を深めることはなかったようだ。

寺田さんが3年生の頃にこの担任から受け取ったメッセージがあるのだが、その内容を教えられて、私は唖然としてしまった。「寺田君は体格も顔も柔道向きだが歌に走ってしまった」「最初のうちは歌もインパクトがあったが、くどくなってきた」という趣旨で、寺田さんのあり方を否定するようなものだったからだ。

そもそも柔道向きということから偏見が表れているわけだが、前後の文脈から察するに「男らしい」くらいの意味合いで使ったようで、性別違和感を訴えている相手に投げかけるには、はなはだ無神経な言葉だと言わざるを得ない。歌のことは、どん底と表するいじめの日々で歌が希望の光になったことを考えれば、とてもできない発言だろう。

担任がいじめに正面から向き合わなかったのも、寺田さんの性別違和感に端を発したトラブルゆえ、どう対処していいかわからず、しまいには寺田さん自身を「変わった子」とすることで黙認したようにも思える。

その背中が寺田さんに「先生は見て見ぬふり」という絶望感を植えつけたのは、触れたとおりだ。それはＬＧＢＴの子にとって、いじめと同等に傷つけられるものとなってしまう。

教師の無関心の一方で、１年生の時にいじめの中心人物だった男子は、卒業間近に全校生徒の前で、寺田さんに向けたような作文を読んだ。中学生活を振り返ると人をすごく傷つけてしまったことがあり、大変申し訳なかった、というものだった。

寺田さんは「彼に対して３年間持っていた壁がふっと取れたような気がしました。彼も苦しんでいたんだろうなと。発表は勇気のいることだったと思うし、その時、和解できたと素直に思えました」と言う。

彼とはその後たまたま同じ高校に進み、同じクラスになったが、かつてのいじめのようなことはなく、むしろ親しく接するようになったという。

生きてりゃいいさ

高校に進学した寺田さんは、そこでも保健室に支えられた。

「白澤先生や筧先生から『入学後すぐ保健室に相談に行ったらいいよ』と言われていたんです。保健室の先生と白澤先生が知り合いだということで、すぐ話が通じました」

さっそく養護教諭を通じ、寺田さんが安心して学校生活を送れるよう、職員用トイレの使用や、体育の着替えを保健室でできるようにするなどの配慮がなされた。

「中学とは真逆で、保健室以外の先生もとても優しかったです。前にも同性愛の生徒さんがいらしたそうで、親身になって対応してくれました」と振り返る。

教師陣の意気込みが伝わったからだろうか。トイレの配慮をからかう男子はいても、中学のようないじめには発展せず、部活動は全員女子という輪の中に入って楽しむことができた。

さらに、学校外では音楽仲間もできた。年上のピアノが得意な女性と、オリジナル曲をつくったり一緒にコンサートをしたりするようになったのだ。

「その方と出会ったきっかけも白澤先生なんですよ。二人が絶対に合うと思ったらしくて、それぞれに『素敵な人がいるから一緒にやりなよ』と言ってくださって」と、寺田さんは目を細める。

実は彼女も、川中島の保健室を訪れている一人だった。18歳の時には、その女性と連れ立って化粧品を買いにいき、後日、メークをしてステージに立つという念願を叶えることができた。川中島の保健室でも二人でコンサートを開いている。

ただ、学校の保健室という日常的な居場所を失った高校卒業後、窮地に陥ったこともある。新興宗教に勧誘されたのだ。たまたまいくつかの不幸が重なった時期でもあり、精神的に不安定だった寺田さんに隙があると見たのだろう。

「女性の先輩が会うたびに誘ってきて、最終的には嘘をつかれて連れていかれた先でマインドコントロールされてしまい、あれよあれよという間に、皆がお経を唱えている薄暗い場所にいたんです。よくわからないうちに自分の名前を書いたりしてました」という。

このときに救ってくれたのもまた、川中島の保健室だった。

「こんなことがあったんです」と相談する寺田さんに、白澤さんは「そういうことは忘れたほうがいい。忘れる、忘れる、忘れると3回言えば忘れられるから大丈夫！」と明るく励ました。寺田さんは、先輩とも宗教ともそれきり縁を切った。

相談できる人がいたから深みにはまらずに済んだんでしょうね、と感想を漏らすと、寺田さんは感慨深げに言った。

「白澤先生には感謝してもしきれないです。中学の時から、卒業してまでも、暖かい陽だまりのように包み込んでくれて、いつでもおいでと言ってもらえる。保健室という場所がなかったら、今の自分はないと思います」

寺田さんが白澤さんや川中島の保健室を形容するのに何度も使ったのが、この「陽だまり」という言葉だった。川中島の保健室には、卒業がない。そこに行けばいつでも自分にとっての陽だまりがある。そう思えることが、寺田さんにとって心の拠り所になっているのだろう。

取材をあらかた終えると、「カラオケに来るのはいつぶりだろう」と話す寺田さんに、せっかくだから好きな曲を歌ってください、とリクエストした。寺田さんは、何にしようかなと楽しげに迷った末に言った。

「『生きてりゃいいさ』を歌いたいんです」

今は亡きシンガーソングライターの河島英五が歌手の加藤登紀子のためにつくり、自分でも歌った曲だ。寺田さんはシャンソン歌手の佐々木秀実が歌うのを聴いて好きになったのだという。

タッチパネルで曲を入力しながら、寺田さんは「今こうして生きていられるのも、まだお前はくたばるなと言われているようで」とつぶやく。

中学時代に自殺するイメージが日々降ってきたという寺田さんは、別の話をしている時にも時折、死につながるようなことを発することがあった。

「思春期をどう過ごすかで人生変わっちゃいますし、その間に自殺という選択肢もありますし」「誰にも相談できないままだったらそこで終わりでした」

そうした発言に当時の苦しみの深さを垣間見る思いがしたし、だからこそ「保健室という場所がなかったら今の自分はない」という寺田さんの感慨には重みがあった。

きみが悲しみに 心を閉ざしたとき
思い出してほしい歌がある
人を信じれず 眠れない夜にも
きっと忘れないでほしい
生きてりゃいいさ 生きてりゃいいさ
そうさ生きてりゃいいのさ
喜びも悲しみも 立ちどまりはしない
めぐりめぐって行くのさ

（作詞／河島英五）

マイクを握った寺田さんがしっとりと歌ってくれた「生きてりゃいいさ」は、彼のこれまでが歌詞と重なりあって、心の奥までしみ入るようだった。

寺田さんは、思春期に寄り添ってくれる人と出会えたからこそ「生きてりゃいいさ」の境地に達することができたのだろう。その出会いに思いを馳せながら、耳を傾けた。

性のあり方は個性の一つ

寺田さんと会った翌日、川中島の保健室に白澤さんを訪ねた。

やはりここに来るとホッとする。東京から新幹線で通ってきた利用者もいるというので びっくりしたが、それだけ保健室的な場所を求めている人が多いということだろう。

白澤さんと寺田さんの近況について話すうち、寺田さんが社会人になる直前、川中島の保健室の集いに参加した時の様子を、白澤さんがいきいきと語ってくれた。

「皆が歌を聴きたいというので、寺田さんはアカペラでシャンソンの『愛の讃歌』を歌ったんです。前に寺田さんがここでコンサートをしたので、それで聴きたいとリクエストした人もいたかもしれませんね。その場に15人くらいいたんだけど、みーんな感心しちゃってねえ。それは見事に歌いましたね」

川中島の保健室は、本当は歌手になりたかった寺田さんがその個性を発揮できる場所でもあった。そして、寺田さんと色んな人たちをつなぐのを、白澤さん自身も楽しんでいる。

寺田さんに限った話ではない。ここの常連であるビーズ作家の女の子が作品を置いていたら、東京から視察に来た養護教諭が目を留めて「ぜひ欲しい」と言い、その二人が会うことになったという。また、白澤さんだけで対応が難しい相談者が来れば、白澤さんの信頼する医師や保健師、関係する学校の教師らにもつないでいく。

「やっぱり私一人より、皆の知恵を借りてやっていくほうがいいから」という白澤さんの話から、川中島の保健室は閉ざされた空間ではなく、ネットワークが広がっていく基地のようだと感じる。そう伝えると、白澤さんは大きくうなずいて言った。

「ええ、保健室ってそうなんですよ。うんとネットワークがありますね」

ここで言う「保健室」は、川中島の保健室だけを指すものではなさそうだ。

中学校の保健室で養護教諭をしていた頃から、白澤さんは良きコーディネーターだった。それは寺田さんの話からわかるとおりだ。性別適合手術を受けた小川マリコさん、高校の養護教諭、一緒に音楽活動をすることになった女性……。

学校の垣根に関係なく、寺田さんを外の人たちとどんどん結びつけてきたからこそ、白澤さんが常にそばにいるわけではなくなっても寺田さんは歩んでこられたのだ。

白澤さんは今、そんなネットワークの一環で、小中学校から請われて性教育の出張授業を行うことがしばしばある。

特に力を入れているのが、「性はグラデーション」という話だという。

「この話は子どもたちにスッと入るみたいで、大人以上に納得してくれる。LGBTのこともよくわかるんですよ」と白澤さんは言う。

かいつまんで説明すると、人間がどうやって自分の性になっていくのか、生まれる前の遺伝子の段階から追っていこうというものだ。生物の知識が必要な小難しい話のようだが、白澤さんが「男の子が男の子になるには、四つの関門をくぐるんだよ」と子どもたちに語りかけると、「えーっ」と興味津々になるのだそうだ。

心と体の性のあり方が定まるのにとりわけ重要な働きをするのが、男性ホルモンと女性ホルモンだという。人間の一生をかけてスプーン1杯程度しか出ず、ほんのわずかなさじ加減で個性が左右される。さらに、男性でも女性ホルモンを、女性でも男性ホルモンを持っている。

「つまり100%の女性も、100%の男性もいない。ホルモンの出方が人それぞれの味になってるわけで、個性だからみんな違って色々なんだ。だから、性は男女の二つに分かれているものじゃなくてグラデーションなんだよ。そう話すと、子どもたちはすごく納得するんです」

頭の柔らかいうちにこういう話を聞くと、性のグラデーションのなかにあるLGBTを「そういう子もいるんだな」と違和感なく受け入れられるのだという。

この話を聞いた後日、いまさらながら気づいたことがあった。

白澤さんは、寺田さんのことを「寺田さん」と呼ぶ。「寺田君」ではない。これは寺田さんの中学時代からなのだろうか。

さっそく電話して尋ねると、白澤さんはさらりと答えてくれた。

「私は性教育を学んでからずっと、男の子も女の子も『さん』で呼びます。『君』はちょっと下に見てる気がしてねえ。子どもといえども、人格を持った一人の人間ですから」

私はてっきり、性別違和感を持つ子への配慮として「さん」付けで呼んでいるのかと思っていた。ところが実際は、すべての子どもを尊重するためだというのだ。白澤さんらしい話に嬉しくなった。

性のあり方は、その人のすべてではない。あくまで個性の一つだ。だから白澤さんは寺田さんと接するうえで、LGBTであることと同じように、歌が好きという個性も大事にしているし、応援している。

こうやって白澤さんは、誰が相手でも、自分らしく生きられるように尊重しあう関係を築いてきたのだな、と思う。そんな白澤さんの保健室だからこそ、性のグラデーションのどこにいる子どもにもきっと「陽だまり」となるのだろう。

JASRAC 出 1608617-601

第5章

変わりゆく子どもと保健室

養護とは、養護教諭の仕事とは？

「保健室にたくさんの子どもが集まる理由って、保健室という〝場〟の持つ力が大きいと思いますか？　それとも、養護教諭という〝人〟の力だと思いますか？」

取材の最中、ある養護教諭に逆に質問された。私は特にひねりもないがこう答えた。

「入り口は場だと思いますけど、最終的には人ですよね。場に駆け込んだ結果、人とつながってその人に会いたくて通うようになって、その人に救われて」

ここまでの章を読んでもらえればわかるように、子どもにとって保健室は、誰でも行っていい気楽さや包容力がある空間だ。身長や体重をはかったりおしゃべりしたりと息抜きにくる生徒がいる。「頭が痛い」といった体の訴えから入り、しばらく様子見したうえで悩みを打ち明ける生徒もいる。

一方で、主である養護教諭が変わると、同じ部屋のはずでも空気が変わり、時には保健室に親しんでいた子どもでも近づけなくなることがある、というのも感じてもらえたのではないだろうか。

結局、場も人のうち、ということだろう。私の実感として、一つとして同じ保健室はなく、それぞれの養護教諭の個性や信念が反映された場づくりがなされている。子どもが安心してやってこられるのも、そこに養護教諭がいるからなのだ。

しかし、重要人物である養護教諭の職務は、わかりづらい。

職務規定にしても、法的には「養護教諭は児童の養護をつかさどる」（学校教育法第37条）のたった一文しかない。まるでちんぷんかんぷんだ。

そもそもこの「養護」という言葉が、わかるようでわからない。看護とか介護とか、同じ「護」のつく語に比べて圧倒的になじみが薄い。養護教諭という正式名称がありながら「保健室の先生」と〝場〟に付随した呼ばれ方をされるのも、むべなるかなと思う。

養護とは、養護教諭の仕事とは、何なのだろう。

養護教諭は日本独自の教育職

養護教諭のルーツは、1905（明治38）年、岐阜県の小学校に配置された「学校看護婦」にある。トラコーマという眼の感染症が全国的に大流行していたため、当初は子どもたちの洗眼を役割として、各地で公費採用されるようになる。

1941（昭和16）年に公布された国民学校令で、学校看護婦は「養護訓導」に変わり、教育職員となった。看護婦免許を持たない者の養成課程もできた。

そして1947（昭和22）年、学校教育法の制定により、養護訓導は「養護教諭」へ改称された。その際に規定された職務が、例の「児童の養護をつかさどる」の一文だ。

「私は、この一言以外の規制がかかっていないことを、非常にいいと思っています」

元養護教諭で現在は養護教諭の養成課程に携わっている宍戸洲美・帝京短期大学教授は、清々しいまでに言い切った。「児童の養護をつかさどる」の意味がよくわからないと泣きついた私に対して、まさに開口一番の返答がこれだった。

「養護教諭の仕事の内実は、普遍的な部分と、その時々の子どもの健康問題によって変わってくる部分との両方がある。色々な解釈のできる『養護をつかさどる』という言葉を、その時代の養護教諭たちが実践的に、あくまで実践的に、いま子どもたちに何をすることが必要なのかを摑みながら対応してきたという歴史があるんです」

続けて宍戸教授は、欧米のスクールナースを引き合いに出して、次のように説明してくれた。

スクールナースの歴史は日本の学校看護婦とさして変わらない時期に始まり、その目的もほぼ同じく伝染病対策だったという。

しかし、その後の両者の発展はまったく異なる。

スクールナースは現在に至るまで、主として保健所といった地域の機関に配置され、管内の学校をかけもちし、病気や障害に対しての専門性を活かして教師や保護者らにアドバイスを行う。教員ではなく衛生職員という立場だ。

「いわゆる〝看護〟ですよね。健康な子にはあまり用事がない」と宍戸教授は言う。

一方の養護教諭である。

「日本の養護教諭は、病弱・虚弱な子も健康な子もすべてを対象にします。体や健康の問題を切り口にして、子どもたちが将来社会で自立できるよう成長させていくような働きかけをするんです」

日本がこうした独自性を持つようになったきっかけは、養護という語が登場した明治期にさかのぼるという。当時、日本の教育界において、学校教育で「教授・訓練・養護」の三つを合わせて進めるべし、という理念が広まった。教授は知的発達、訓練は道徳的発達、そして養護は身体的発達を助ける働きのことを指す。

「富国強兵政策のもとで丈夫な兵士をたくさん作るためには、子どもたちが丈夫でないと困るわけで、学校教育の中で取り組んでいくこととなったんです。今も学齢期の子どもの健康問題は、厚生労働省でなく文部科学省が担当でしょう？　それはこの流れを汲んでいるからで、世界的に見ると非常にユニークなんです。学校で健康診断をしていると欧米の人に言うと、『それは親や地域の問題じゃないんですか』と驚かれます」

宍戸教授が取材の最後に渡してくれた資料には、昭和初期の辞書（現在の『広辞苑』の元となった新村出編著『辞苑』）の「養護」の解説が引用されていた。そこには教育学上の専門用語として、次のように書かれていた。

「児童の体質に応じて保護と鍛錬を加へ、その成長と発達を助けること」

宍戸教授の話を聞いたうえでこの解説に触れると、まさに目からウロコだった。保護＝「護」と、鍛錬＝「養」の両輪があって「養護」となるのだ。もっと平たく言い換えるなら、ケアと教育だろうか。

看護には、鍛錬の要素はない。たとえばケガをした子がいたとして、単に応急処置をして保護するだけなら看護だろうが、養護はさらに、ケガの原因を探り、どうしたら早く治せるかを一緒に考え、今後そのケガを防ぐための鍛錬（教育）を行う。

養護教諭の仕事とは、あらゆる心身の健康問題を通して子どもを「養護」することで、その子が健やかに自立できるよう支えていくという専門職なのだ。

かつての学校看護婦たちは、その職務を看護にとどまらせず養護へと推しすすめ、身分の確立を求めて運動した。昭和16年に教員となった暁に、「養護」を冠する名となった。終戦直後には、GHQからナースとして厚生省管轄に入るべきだと圧力をかけられたが、当の養護教諭らが猛反発したという。養成課程については後で触れるが、看護師資格を基礎要件としないという意味でも、スクールナースとは決別している。

鍛錬すべき子どもの健康問題は、時代によって変わってきた。ごく大まかに言うなら、かつてのような伝染病は激減した一方で、心の問題が深刻化したように。

「児童の養護をつかさどる」養護教諭の仕事もまた、それに応じて変容する部分が生じる。宍戸教授の言うように、職務内容が細かく限定されていないため、柔軟に対応できるというのは大事だろう。

2008年の中央教育審議会（中教審）答申では、現在の（とあえて記してある）養護教諭の役割として、次の五つが例示されている。

①救急処置、健康診断、疾病予防などの保健管理

②保健教育

③健康相談活動
④保健室経営
⑤保健組織活動

時代の流れで登場したのが、③の健康相談活動だ。養護教諭の仕事としてこの20年ほどで公的に言われるようになった。

「児童生徒の様々な訴えに対して、常に心的な要因や背景を念頭に置いて、心身の観察、問題の背景の分析、解決のための支援、関係者との連携など、心や体の両面への対応を行う」ものとされている（1997年保健体育審議会答申）。

「学校の母性」にすがる子どもたち

なぜ近年、養護教諭が、子どもの相談相手としての役割を負うことになったのか。私が保健室に来る子どもたちを見ていて、痛いほど感じることがある。

家庭に頼れる大人のいない子があまりにも多いのだ。相談以前に「先生、先生」と養護教諭にまとわりつく子も多い。他の生徒がいるなかで少しでも気を引こうとする様は、身体こそ大人に近づいているが、まるで母親に甘える幼子のようだ。

ある中学校の副校長にそんな話を向けると、面白い解説をしてくれた。

「教室での指導って、父性的な関わりが多いんです。やりたくなくてもやりなさいと〝我慢する〟〝頑張る〟ことから社会のルールを身につけさせるんだけど、子どもにとってストレスフルなものなので、その分どこかで息を抜いてバランスをとらないと壊れてしまう」

確かに教室では、子どもは強い同調圧力にさらされる場面が多い。そこで無理に自分の意思を通そうとすると、叱られることになる。特に中学生だと大半が高校受験を控えており、評価に響くかもと思うとうかつな言動を取りづらい。

そんな緊張とのバランスをとるために必要なのが、教室とは方向性の異なる、母性的な存在ということになる。

「昔だったら、家に帰れば優しいお母さんが1日中いたり、『何があったんだい?』と話を聞いてくれる地域の人がいたりと母性的な関わりがあったじゃないですか。でも今は、下校してもそういう相手がいない子が多い。じゃあ誰が受け止めてくれるかとなると、学校の中にそうした場所がないとバランスが保てない」

両親が共働きの家庭は珍しくないし、貧困家庭、特に、ダブルワーク、トリプルワークが当たり前のひとり親家庭では、親子が顔を合わせる時間さえないこともある。

また、それでなくとも地域の絆が希薄になったといわれる昨今だが、生活に追われている家庭だとなおさら親が地域とつながる余裕はなく、子もまた孤立しやすい。

いうなれば「つながりの貧困」が生じる。

こうした子どもたちのすがった先が、保健室だというのだ。副校長は言う。

「従来は学校ではなく、家庭や地域が担っていた役割だったけど、それがなくなってきたので、保健室が最後の拠り所になっているんです。否定されない、評価されない、生きているだけで大丈夫と言ってくれるところってそうはないから」

以前であれば家庭でなされていたようなものを含め、養護教諭を相談相手に選ぶ子が増えている背景には、こうしたつながりの貧困があるようだ。

親に迷惑をかけたくない

親に気を遣う子が増えている、というのは行く先々の保健室で聞いた話だった。

第1章で「マスクを買って」と言い出せない子のエピソードを紹介した。「親の仕事の邪魔になるから、どんなに具合が悪くても早退できない」という話はごくありふれたものだ。

土曜日にケガしたのを親に言えず、月曜日に登校してから養護教諭に相談し、病院に連れていってもらった女子もいた。生徒会に立候補するような真面目な子で、週末も関係なく働く親に迷惑をかけてはいけないという思いで、2日間も我慢していたらしい。親の側も子のために死に物狂いで働いており、双方責められるべきでないだろう。

また、第1章の「病気のお母さんが心配で学校に行ってる場合じゃない」と言った不登校の男子のように、親の病気が影響しているケースもある。

母親が精神疾患を抱えたケースは、取材の過程で頻繁に見聞きした。母親全体の18％、母子家庭では実に35％もの母親が、抑うつ傾向にあるという調査結果もある（ＪＩＬＰＴ調査シリーズＮｏ．１４５「子どものいる世帯の生活状況および保護者の就業に関する調査２０１４（第3回子育て世帯全国調査）」）。特に貧困は、強いストレスとして、母親の精神を蝕む要因となりやすい。

もっとも、貧困をはじめ、いかにもしんどい状況の家庭に限らず、より広い傾向として親のありようが変化していることも背景にありそうだ。

ある養護教諭は、最近、早退させようとした生徒から「お母さんは友達とお出かけしているから携帯にかけないで。ここで寝させて」と懇願されて唖然としたという。この教諭は「子どものことより自分がオシャレに楽しくというのを優先する親が増えているんですよね」と感想を漏らしていた。

先の副校長も「生活に余裕があっても教育熱心なご家庭では、成績が伸びないと子どもを追い詰めるような親御さんもいます」と付言していた。この手の親は今の時代に限った話ではないが、子どもにとって否定され、評価されるばかりの家庭では、心のよすがにはなりえない。

悲しいことだが、こうした子たちにとって、保健室は家庭よりも自分をさらけ出せる場所ということだろう。家庭では親にそっぽを向かれたら生きていけないので、本音をぐっと呑み込んでいるのだ。

副校長は、話の最後にこう言った。

「だから、養護教諭は大変ですよ。昔とは求められるものが違います。とても高度で多岐にわたる仕事になり、つくづく大変だと思います」

この副校長は生徒のことを把握するためにしょっちゅう保健室に出入りし、養護教諭と情報交換しているからこそこうした感慨に至ったらしく、非常に実感がこもっていた。

増える？ 男子の来室者

来室する子どもの側の変化でいうと、私が保健室の取材を始めた2010年以降でも変わったと感じることがある。もしかしたら、第1章の時点で「おや？」と思った読者もいるかもしれない。

それは来室者に男子の「常連」が目立つようになったことだ。

第1章に登場する3校でいうと、どの学校も女子より男子の割合が高かった。各校の養護教諭によると、この1～2年の傾向という。

竹内和雄・兵庫県立大学准教授が2016年に実施した、関西の公立小中学校に勤める養護教諭166人へのアンケート結果を紹介したい。竹内准教授は元中学校教諭で、現在は大学で養護教諭の養成課程にも関わり、さらには現役の養護教諭たちの自主勉強会を主宰している。

このアンケートで保健室来室者の男女比を尋ねたところ、小学校も中学校もほぼ半々（男子の割合が小学校50・9％、中学校49・0％）だった。竹内准教授はこの結果を見て、「数年前までなら考えられない」と驚いていた。

私自身、取材前は女子が多くて当たり前、と思っていたし、実際取材を始めた2010年頃は、どこの保健室へ行っても、常連はほぼ女子。男子の姿を見かけても、その多くはケガの応急処置や急な体調不良といった単発の来室だった。例外は、一般的には非行少年と言われるような男子が、教室に居場所がないので保健室へやってくるくらいだったのだ。それが今や、第1章のとおり、保健室で気になる生徒というと男子が多くを占めるのだ。

これは限られた地域の傾向なのだろうか、と第4章に登場した「川中島の保健室」の白澤章子さんに尋ねたところ、「いや、全国的な流れだと思いますよ」と返ってきた。

「今までは、本当は行きたくてもできなかったんだと思う。男の子でしょ、とずっと周りに言われてきて、女子のいる保健室なんかに行くべきじゃないとか、誰かに頼っちゃいけないとかいうのがあったんでしょうね」

時代の変化で「男らしさ」という抑圧が学校教育において薄れたのが、保健室にも反映されているのだ。

もとより先ほど挙げた「つながりの貧困」に男女の差はない。母性的な関わりを求める気持ちが男子にもあるというのは、取り上げた事例からも読みとれる。性別による抑圧がなくなった今、男子にとっても、保健室が最後の砦になっているのだ。

さらに、ある養護教諭は「中学生くらいだと、男子は悩みがあってもすぐには言語化できなくて、カウンセリングは難しいです。それこそ体の不調で訴えてくる」と話していた。

じっくり関わって、ようやく本当の悩みが見えてくるということだ。実際、この学校に非常勤で来ているスクールカウンセラー（SC）に確認すると、自発的にカウンセリングルームへやってくる男子は皆無ということだった。そういう意味でも、いまどきの男子にとって保健室は悩みを持ち込みやすい場所なのだろう。

白澤さんが今、特に着目しているのが、男子の性に関する相談だという。

なかでも最近、川中島の保健室でよく受けるのが自慰の悩みだそうだ。私は最初に聞いた時にはびっくりした。思春期の男子には避けて通れないことだろうが、究極のプライバシーであり、人に（特に女性に）相談するのは勇気がいるのではないかと。

白澤さんは「男子の性教育はおろそかにされてきたから」と説明する。

「女の子が学校で月経について丁寧に教わる一方、男の子は射精についてきちんと教わっていないケースもあって、射精を汚いと思ってしまう子が出てきています。精液は精子を守る大事なものなのに、きちんと学んでいないから、膿みたいなものだとしか感じられない子もいるんです」

これを裏付けるようなデータがある。

一橋大学元講師の村瀬幸浩氏は、著書『男子の性教育』で、男子の射精に対する肯定感の低さを示す二つの調査結果を挙げており、射精を「汚らわしいもの」としたのが15％前後、「恥ずかしいもの」としたのが20％弱だった。また、全国各地の電話相談では、性の相談は圧倒的に男子からが多く（そのトップはほぼ自慰に関するもの）、いかに男子が性を学ぶ機会が少ないかを物語っている、と指摘している。

第1章で述べたとおり、多くの子どもがスマホを持っているのだから、自分で調べればわかるはずと思われるかもしれない。しかし、いくらインターネットが普及し、物心ついた頃から生活の中にパソコンや携帯電話があった世代とはいえ、中学生が自力で求めている情報に到達するのは難しいこともある。誤った情報がネット上に流布していて、余計に不安をかきたてられることがあるのも、容易に想像できる。

ちょうど先般、ある養護教諭から、来室した男子生徒から自慰をしたことがあると報告されてびっくりした、こんなことを言ってくる子は初めて、という話を聞いた。生徒はふざけていたわけではないようなので、何かしら聞きたいことがあるのかもしれない。

保健室で自発的な相談に至るかはともかくとして、男子にも、体のことをちゃんと教えてほしいという潜在需要は確実に存在するのだ。

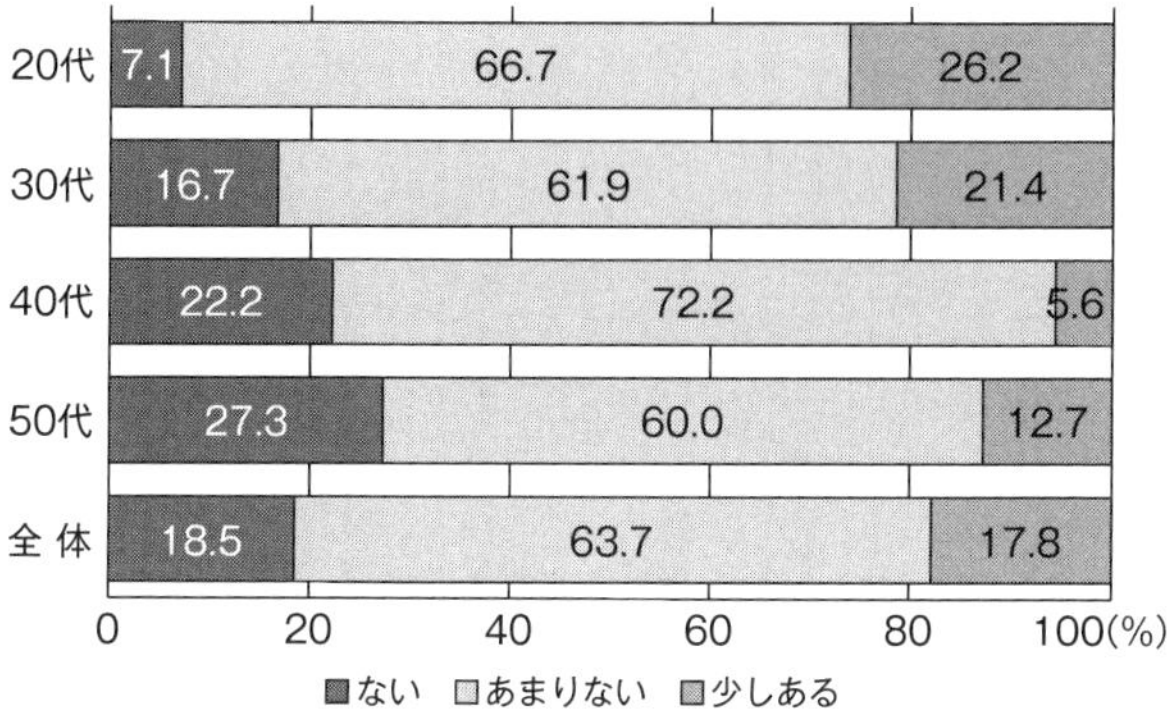

図1　ネット上の問題に対応できる自信の有無

出所：兵庫県立大学竹内和雄研究室「保健室アンケート」(2016年)

ネット問題に消極的なベテラン、生徒対応が不安な若手

さて、男子にも女子にも引っ張りだことなった養護教諭だが、竹内准教授の先のアンケートからは、養護教諭たちが仕事に自信を持てない実情も浮き彫りになっている。

昨今、子どもたちのどんな問題にも何かしらインターネットが絡んでいると言っても過言ではないほど、子どもとインターネットは不可分の関係になっている。当然、保健室にトラブルが持ち込まれることも多い。

ところが、「ネット上の問題に対応できる自信はありますか」という養護教諭への問いに対し、「ある」を選んだ人が一人もいないほど、全体に自信のなさが著しい（図1）。

着目すべきは、40〜50代の「ない」「あまりない」が、20〜30代に比べて高いことだ。特に消極的な「ない」を選んだ割合は、年齢層が上がるにつれ高まっている。

アンケートの自由記述欄にも年齢による差が表れていた。

「ネット上のつながり方について全く知らなかったので、生徒の話が理解できない（LINEで直接知らない人とつながれることを知りませんでした。ID?）」（40代）などは、自信のないベテラン勢の代表的な声だろう。

一方、若手からは「LINEでのいじめ、スマホの使い方は、保護者より子どもの方が詳しく、ルール決めが不十分な家庭が多い（40代の親が特に知識不足な気がする）」（30代）というコメントがあった。親をそのまま養護教諭に置き換えて読むこともできそうだが、世代的な弱点ということだろう。

竹内准教授は、子どものネットトラブル、特にスマホの問題に詳しく、全国各地の養護教諭のセミナーにも講師として招かれているが、「基本的に養護教諭個人の力量に任されていて、非常にまずい」と警鐘を鳴らす。

「昔からあった妊娠相談のように、センシティブな相談は養護教諭に寄せられることが多いけれど、例えばネット上での不適切な出会いにまつわる問題の場合、対処方法がわからずお手上げになってしまう養護教諭も多いのが現状です。日本の学校では、ネット上の問題に関する知識をまず養護教諭に持ってもらう必要があります」と強調する。

竹内准教授いわく、実際の相談においては、最新のネット文化やスマホなどの機器の使い方にさほど詳しくなくても、うまく対応できる養護教諭はいるという。相談する根幹は「その先生が信用できるか」というアナログなものだからだ。

しかし問題なのは、相談を受ける以前に養護教諭の側が「私に聞かないで」と及び腰になってしまうことと、「たとえばLINEのグルチャ（グループチャット）とかタイムラインといった基本的な用語も知らないから、生徒からしたら相談できる大人じゃないと思ってしまう」（竹内准教授）ことだという。

今や保健室での健康相談で、スマホは避けて通れない。

それでも学校生活で使用しないんだし各家庭の責任じゃないの、と思う向きもあるかもしれないが、生活に追われているような家庭ほど、目を配る時間も知識も乏しい。結果、貧困や虐待など苦しい状況にある子ほど放置されることになる。そこで養護教諭にも頼れないとなると、ネットの海で、共感的なようで実は危険な大人とつながってしまう恐れが増す。

実際、保健室で生徒の雑談に耳を傾けていて「危ういな」と思うような子は、家庭に期待できそうもないケースが多いのだ。ただ、大人が危険を察知するにもそれなりの知識が必要なわけで、そうしたアンテナを養護教諭が持ち合わせていないばかりに、相談の手前の、保健室でのシグナルが見過ごされることも起こってしまう。

やはりどの養護教諭も、子どもをとりまくネット文化の知識をある程度持っておくことが必要なのだ。

一方若手はというと、ネットまわりの知識には長けていたとしても、根本的な指導力に不安を抱えている。

竹内准教授は、「ネット上での不適切な出会い」をもう一度例に挙げて言う。

「若い先生は、相談されてもどうしていいかわからず、そのまま管理職に言ってしまいがちです。もちろん〝ほうれんそう〟（報告・連絡・相談）は必要ですが、まずは生徒を受け止めてどうするか十分に説得したうえでないと、子どもたちの間で『あの先生は暴走する』と広まって、誰もデリケートな相談に行かなくなる」

アンケートを見てみよう。

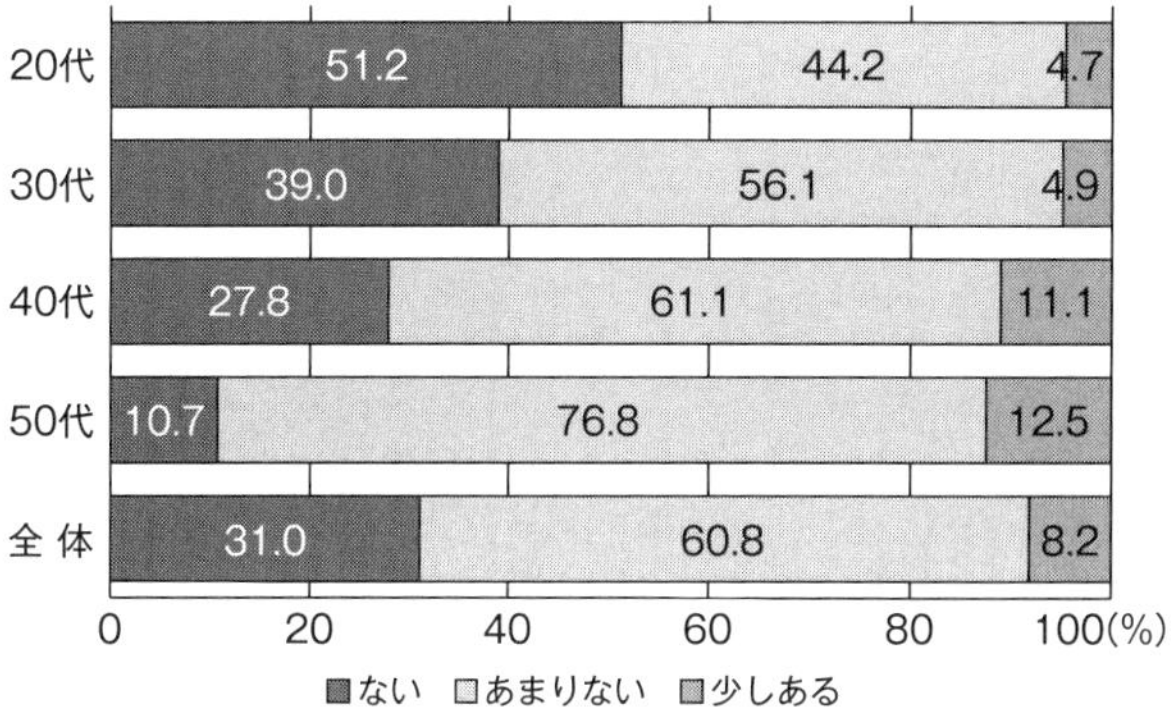

図2　児童生徒への対応の自信の有無

出所：図1に同じ

「児童生徒への対応に自信がありますか」という問いに対して、20～30代が、40～50代に比べて自信を持てていない傾向が明らかだ（図2）。20代に至っては過半数が「あまりない」を選択している。

コメントには「子どもたちの気持ちを理解して導くことができない」（20代）という率直な声もあった。

この結果は当然といえば当然だ。養護教諭は大体において1校一人の配置なので、同じ職場に教科の先輩がいる教科担任と違って、日常的に接するお手本や相談相手がいない。もちろん新規採用時をはじめ、一定年次ごとに校内外の研修はあるが、若手だろうが全校生徒の「養護をつかさどる」責任を負うのだから、相当きつい。

ただ、アンケートの自由記述欄には、若手の次のような声もあった。

「ＬＩＮＥトラブルがあったので、情報モラル教育として授業を行った」（20代）

「出会い系アプリの問題に取り組んでいます」（20代）

世代的に得意分野であるネットの問題では、ベテランに先んじている面もあるのではないだろうか。

竹内准教授は言う。

「両者の自信のなさを解消するには、ベテラン養護教諭が若手の悩みに答え、若手がベテランにスマホを教えるような、お互いに学び合える和やかな場を創り出せればいい。ベテランもスマホに限らず、若い感覚を学ぶ必要がありますから」

自助努力まかせでは「ハズレ」の養護教諭を減らせない

基本的には1校に一人しかいない養護教諭は、それ以外の教員以上に、その学校の子どもにとっての「ハズレ」となることが許されない立場だ。

しかし、残念ながらそうなっている養護教諭は存在する。

虐待やいじめに悩んでいた第2章の相葉さんに対して「相談ならSCにして」と突き放し、保健室から追い出した高校の養護教諭はまさにその典型と言わざるを得ない。

また、第3章の柳先生が、自らの後任について述べていたことを思い出してほしい。

「養護教諭が変わったら態勢がすべて変わるというのは、本当はあっちゃいけないことだけど、今の先生には一人で抱えずにチームでやるという実践がないんだと思う」

そこでも書いたことだが、一人職の養護教諭は、自分以外のやり方を学ぶ機会が少ない。そして、保健室という殻に閉じこもろうと思えば閉じこもれる立場でもある。

結果、その人の「養護をつかさどる」が独りよがりになっていても気づきづらい。

どうしたら子どもにとっての悲劇を防げるのだろう。

養護教諭を含めたチーム支援については、かねてから文科省や、文科大臣の諮問機関である中教審によって見解が示されている。

たとえば、2008年の中教審答申から引用する（注：傍線は筆者）。

「子どもの現代的な健康課題の対応に当たり、学級担任等、学校医、学校歯科医、学校薬剤師、スクールカウンセラーなど学校内における連携、また医療関係者や福祉関係者など地域の関係機関との連携を推進することが必要となっている中、養護教諭はコーディネーターの役割を担う必要がある」

また、学校・教職員向けの生徒指導の基本書として２０１０年に文科省が出した「生徒指導提要」には、養護教諭は生徒指導において、教職員内での「コンサルテーション的役割」があると掲げられている。

いずれも重責だ。

そしてうまくいけば、たしかに保健室も学校も円滑にまわるだろう。

しかし、前出・竹内准教授は、これらについて批判する。

「研修などで十分に教えていないのに、要求だけしている。養護教諭に失礼な話。これではたまたまできる人ができるというだけです」

国として、養護教諭がチーム支援に欠かせない役割があると認識はしていても、養護教諭の自助努力に頼りがちなのが現状なのだ。

だから、柳先生のようにチームを束ねられる人もいれば、その後任の養護教諭のように保健室にこもってしまう人もいるようなバラツキが出てしまう。あるいは虐待やいじめに直面する相葉さんに「相談ならＳＣにして」と言ってのけてしまうような、コーディネーターの役割を履き違える人も出てくる。

実は、こうした現状に対する処方箋も、文科省はすでに認識している。

２０１５年末の中教審答申「チームとしての学校の在り方と今後の改善方策について」には、国が「養護教諭の複数配置を進める」ことが、チームとしての学校をつくる改善策になる、と記されているのだ。「養護教諭の必要性が高まっていることから、今後、国において、複数配置の基準の引下げについても検討していくべき」ともある。

現在、複数配置の基準は、小学校で児童数８５１人以上、中学校で生徒数８０１人以上の学校となっている。

ここまでに登場した中学校で複数配置なのは、第４章の寺田さんの学校だけだ。ベテランだった白澤さんとともに、20代前半の養護教諭が配置されていた。寺田さんが保健室で救われただけでなく、若手の先生にとっても白澤さんの手腕を間近で学べたことは、非常に意義深いことだったはずだ。白澤さんに倣ったのだろう、若手の先生が寺田さんを「さん」付けで呼ぶのが印象的だったし、その後も多様な性の問題に熱心に取り組んでいると聞く。

他方、こんなエピソードも思い出される。

あるベテラン養護教諭が、地区研修で後輩に自らの実体験を伝えたところ、「××先生だからそういうことができるのよ」という、諦めにも似た感想が返ってきたというのだ。

その後輩の仕事にかける自信や熱意が失われていたことも考えられるが、いくら研修の場で先輩から技能を説かれても、その目で見なければピンとこない、というのもありそうだ。やはり、若いうちに経験豊富な養護教諭とともに働くのが最良の学びなのだろう。

竹内准教授も、「本当は、新任の養護教諭は複数配置の学校に就かせ、ベテランと一緒に2年くらい働くことが必要だと思います。(仕事がはっきりしている)スクールナースならすぐ独り立ちできるだろうけど、養護教諭はこれだけやることが多岐にわたっているのだから」と言う。

ただ、実現の見通しは厳しい。文科省は養護教諭に限らず、教職員定数を拡充したい立場にある。一方財務省は、財政難や少子化を理由に定数を減らしたい。両者の攻防は激しく、その結果、大幅な加配はすぐには望めない。

しかし、いずれ社会の担い手になる子どもたちを支えることにこそ優先して財源をつけなければ、この国の先行きは暗くなるばかりではないか。

中堅・ベテランにも、独りよがりのやり方に陥らないために、手を打つ必要がある。

「保健室は社会の鏡」と言っていた養護教諭がいた。実際には子どもが社会の鏡で、その子どもの様子がよく見えるのが保健室ということなのかもしれない。

いずれにせよ、子どもをとりまく社会の急速な変化に後れをとらないよう、養護教諭は知識や技能を常にアップデートしていかなくてはならない。貧困や虐待といった深刻な問題には、とりわけアンテナを張ることが必要になる。

しかし、そうしようにも公的な研修ではとても足りないというので、この本に登場する養護教諭の多くが、余暇を使って自費でセミナーに赴いたり、休日に同業の仲間と自主勉強会を開いたりしているのが実情だ。

竹内准教授が主宰している養護教諭の自主勉強会も、参加者たちは「悩みも答えも話し出したら止まらない」ということで、毎回4～5時間に至るという。さらにその後は懇親会として、夜が更けるまで仕事について語り続けるそうだ。それほどまでに皆、情報交換の機会に飢えているのだ。

熱意ある養護教諭たちがそれぞれに努力を重ねている話を聞くたび、頭が下がる思いだが、しかし、このまま各人の熱意に甘えていていいとは決して思わない。

自助努力に任せていては、学べる人とそうでない人との差は開くばかりだ。

疲弊しきって限界寸前の養護教諭もいる。「これ以上時間的余裕がなくなったら子どもにとげとげしさを出してしまう」「加配とは言わないから、せめて事務のサポートを」という悲鳴に近い声も実際に聞いた。余暇を潰してしか学べないというのは、あるまじき状況だ。

このうえさらに頑張れとけしかけては、熱意のある人ほどつぶれていってしまう。とっくに提言されていることだが、強調しておきたい。

全体の力量を底上げするには、今以上に公的な研修を保証するしかない。役割に見合った養成なくしては、仕事に自信を持てない養護教諭を増やしてしまうばかりだ。子どもの受け皿であるはずの養護教諭が交代したら保健室に行けない子が出てきた……というようなことは、あってはならないはずだ。

教師版スクールカーストは子どもの不利益に

文科省は現在、「チーム学校」の構想を掲げている。教職員が外部の専門家や地域と協力し、チームとして教育の充実を図ろうというものだ。

この「チーム学校」に関する中教審の答申で、養護教諭の複数配置が提言されているというのはすでに触れたとおりだ。

一方この答申には、「チーム学校」を実現するためのこんな記述もある。

「養護教諭や栄養教諭、スクールカウンセラー、スクールソーシャルワーカー、看護師等などの数が少ない、少数職種が孤立しないよう、学校全体で意識改革を行い、専門性や立場の異なる人材をチームの一員として受け入れる」

裏を返せば、わざわざ学校の意識改革を促す必要があるほど、チームの埒外に置かれた養護教諭もいるのが現状なのだ。コーディネーターの役割云々以前の問題だ。

第1章の最後に挙げた、C中学のネットいじめを思い出してほしい。

実は、養護教諭の本田先生は以前、自ら希望して生徒指導の担当部会に入ったが、わずか1年後、SCとともにメンバーから外されたという。

本田先生は「部会を離れてしまうと生徒の家庭的背景もわかりづらいから」と、給食の時間も惜しんで他の教師らと個別に情報交換をしていた。

校長が替わったことで再び部会に加われることとなったのだが、まさに部会を外れていた時期に起こったのが、件のネットいじめだった。

いじめ加害者だった女子の母親に問題がある、と知っていた教師もいたようなので、もし本田先生が家庭的背景をつぶさに把握できていれば、保健室にできることはもっとあったかもしれない。女子の言うように虐待があったならなおさらだ。本田先生が生徒指導の部会を外されたことで、子どもには何の益もない。

私が取材したある学校では、「先生たちの中にランクがあります」と明言した養護教諭がいた。この学校では、養護教諭が生徒について意見することを露骨に嫌っている教師がいて、非常勤の立場のSCを見下して絶対に話をしようとしない男性教師も数人ほどいたが、管理職がこんこんと説いてやっと是正してきたとのことだった。

さらに別の学校では、職員数が増えた時に、職員室の養護教諭の机が当然のように取り上げられそうになったと聞いた。養護教諭が低く扱われる傾向について「闘うか黙っているかの違いはありますけど、感じたことのない養護教諭はいないと思います」との付言が重かった。

「スクールカースト」という言葉がある。本来は子どもたちの世界の力関係を表すものだが、これはまるで、教師版スクールカーストだ。

現役の養護教諭であるすぎむらなおみ氏は、著書『養護教諭の社会学』で、「養護教諭が差別的な位置にある原因」として、次の五つを挙げている。
①（筆者注：日常的には）教壇に立たない教員であること
②職務内容が他者に理解されにくいこと

③養成課程が統一されていないため学歴がまちまちであること
④（筆者注：前身が学校看護婦で「病院」から「学校」への）「移民」であること
⑤ほとんど女性であること

このうち、③については補足が必要だろう。

養護教諭免許状は、教育系や看護系のほか、複数の学問分野にまたがる学際系の大学・短大で取得できる。さらに、看護師免許があれば国立大学の養護教諭特別別科という1年のコースがあるなど、他にも色々な養成課程がある。

ただ、どの養成課程にしても、教育職員免許法で定められた要件を満たしたものだ。もし一般的な教員免許の取得方法とは異なることに文句があるとしたら、それは国に向けるべき筋の話であって、教員間での学歴差別など言語道断だ。

教師版スクールカーストのある学校で、教師が生徒に「いじめはいけない」などと指導したとしてもまるで説得力がない。子どもはこうした矛盾を見抜くものだし、大人の二枚舌のお手本を見せつけるだけだ。

教師版スクールカーストは、もっともらしい顔つきをして蔓延している。

2015年9月11日付の朝日新聞生活面に、「仕事量『雲泥の差』」と題した投書が掲載された。富山県の県立高校で教員をしている40代女性からのものだ。以下、引用する。

「現場は授業や生徒指導、保護者対応、放課後の補習、土日の部活に追われ、昼休みがとれないこともしばしば。とりわけ入試の多様化で、論文や面接の指導が増え、教員全体で進路指導をしています。一方、こうした仕事がなく、勤務中にネットや趣味を楽しむ養護教員、図書館司書もいて、同じ職場でも仕事量は雲泥の差です」

この教師は養護教諭の専門性を理解せず、仕事量を多数派の物差しである授業時間などで一緒くたに測っている。そのわりに「教員全体で」という表現からは、教員の一員である養護教諭を除外している。そして、ネット（趣味は何を指すのか不明なのでここでは置いておく）を楽しんでいるとして糾弾する。

しかし、「楽しんでいる」というのは完全に主観だ。確かに養護教諭がネットを使うことはあるだろう。だがそれは、仕事上必要な情報を収集するためだったりする。

たとえば、私の知る養護教諭は、最近目立ってきたエナジードリンクの健康被害について参考になる文献がないので、インターネットで調べていた。生徒が極度にハマっていた商品のこともカフェイン量を把握するために確認していたが、背後からパソコン画面を一瞥しただけなら、写真や動画がいっぱいのオシャレなサイトを「楽しんでいる」と見えるかもしれない。

先の投書については、30件近い反響が寄せられ、共感の声は2件だけで、大半が「そんな養護教諭や司書は周りにいない」という内容だったという（2015年10月2日付朝日新聞）。

職務に熱心でない養護教諭が存在することは否定できないし、私自身そうした例を知っている。しかし、そういう人は養護教諭に限ったことではなく、管理職であろうが教科担任であろうが同じようにいる。一部を一般化するような語り方は避けるべきだ。

一方で、養護教諭の側も、こうした誤解を積極的に解いていくべきだと思う。

本書に登場する養護教諭たちは一様に、教師間の情報共有を大事にしていると語っていた。一番は子どもを多くの手で支えるためだ。

同時に、自ら発信しないことには保健室が密室化しがちだということもあるだろう。

「生徒を1時間休ませて話をした以上は、単なる雑談だったと思われないようにしっかり担任に伝えます」と語っていた養護教諭がいた。口頭で伝えるだけでなく、第2章の長谷川先生と同じく、保健室の来室者で気になる生徒について箇条書きしたレポートを、他の教師に配布していた。

過去のレポートを見せてもらうと、保健室がどんな状況にあるかが一目瞭然で、保健室を知らない教師の余計な誤解を招く心配がなさそうだった。生徒指導上も、レポートをたどれば生徒の変遷がわかるのは便利だろう。この学校では生徒指導主事もレポートを作っていて、違う立場から情報が共有される好循環が生まれていた。

このような工夫こそ、どこの地域の研修でも取り上げ、広められないものだろうか。「チーム学校」というかけ声をむなしくしないためにも。

スクールソーシャルワーカーとの連携で家庭支援

前出・宍戸教授によると、韓国にも「保健教師」という類似職がある。かつての日本のように看護師を採用し、呼称も半世紀の間「養護教師」といった。ところが、日本の教師版スクールカーストよろしく教員間で下位ランクに扱われていたことで、「他の先生と同列に見られたい」という当事者たちの願いによって、2002年に現在の名称へとリニューアルされた。同時に職務内容も、保健の授業で教壇に立つことに軸足を置いたという。

宍戸教授は言う。

「その保健教師たちに、体の訴えで来室した子と話をしてみたら精神的な悩みがあったということはないですかと尋ねたら、いっぱいあるというんです。でもそれは私たちの仕事ではないからやりません、カウンセラーの仕事ですって、見事に言い切りました。子どもへの対応は、薬を飲ませるか、カウンセラーの元に行かせるかなんです」

翻って日本だが、いま養護教諭に求められているコーディネーター能力が、心の問題をそのままSCへパスするようなことでないのは今さら言うまでもない。もし韓国のようになったら、たちどころに困る子が続出する。

求められているのは、子どもと日々接するなかで心身の課題を受け止めている養護教諭が軸となり、校内外に連携の輪を広げていき、その輪全体で子どもを支えていくようなあり方だろう。

そんな輪に近ごろ加わってきたのが、福祉の専門家であるスクールソーシャルワーカーだ。

スクールソーシャルワーカーは、「社会福祉の専門的な知識、技術を活用し、問題を抱えた児童生徒を取り巻く環境に働きかけ、家庭、学校、地域の関係機関をつなぎ、児童生徒の悩みや抱えている問題の解決に向けて支援する専門家」と定義されている「生徒指導提要」より、傍線は筆者）。家庭環境による問題を主として扱う。

原則としては、社会福祉士か精神保健福祉士といった資格が必要だが、教員OB

いる。現状では非常勤で教育委員会から派遣されるケースが多い。

国は2008年に配置を始め、19年度までに全中学校区をカバーする約1万人の配置を目指している。

中教審の「チーム学校」答申は、「スクールソーシャルワーカーと養護教諭との連携・分担体制にも留意することが重要」と、両者が相互に協力することを前提としている。

これまで養護教諭にとって、子どもの貧困や虐待の問題に関わる際に一番つらいのが、根っこである家庭に介入しづらいことだったと思う。学校は「子どもの教育機関」という位置づけで、教師が保護者に指導を行う権限はないからだ。

第1章のA中学の養護教諭・高崎先生は、家庭環境が不安定で愛着障害の疑われる男子生徒の支援で、「学校と家庭とを結ぶ存在がいてくれるといいですよね」と話していた。続けた言葉が、「だからスクールソーシャルワーカーを入れてほしいんです」だった。

第2章でも、いくら生徒本人を支えても、それを崩しにかかる家庭に口出しできない養護教諭のもどかしさを感じてもらえたのではないだろうか。

すでにスクールソーシャルワーカーが入っている大阪市内の公立高校の養護教諭に、状況を聞いた。

この学校の生徒は、転学も含めると、入学したうち約3割が中退する。ひとり親家庭の生徒が4割弱にのぼり、「貧困でない家庭を探したほうが早い」という背景が大きい。それだけにスクールソーシャルワーカーの働きかけが重要となってくる。

この学校で、3年生になって学校にほとんど来られなくなった生徒がいた。本人に話を聞くと、保護者である母親と折り合いが悪く、実家から追い出される形でアパートで一人暮らしになっていることがわかった。家賃だけは母親が出していたようだが、1日100円の生活費で過ごし、電気が止まるなどライフラインも危うい状況だった。

「激やせしてしまい、生きてるかどうかさえ心配するような状況になってしまって。虐待ですよね」と養護教諭は振り返る。

実は養護教諭は、この生徒が1年の頃から、臨床心理士など心の専門家のいる教育センターにつなぐなど尽力してきた経緯がある。本人の発達に問題があり、そのことから母親と衝突している節があったからだ（話を聞くかぎり、おそらく母親にも同様の問題がありそうだ）。ところがいざセンターに通わせはじめると、母親の協力が得られず頓挫していた。学校として母親に介入するのは「難しいですね、やっぱり」と言う。

そこでスクールソーシャルワーカーの出番となった。

母親が生活保護を受給していたため、担当のケースワーカーにも加わってもらって、母親との話し合いが持たれた。「生活保護費は子どもの分も含まれていて全部がお母さんのお金ではない」と説明し、きちんと面倒を見ることを確認。さらに、離れて暮らしていた父親からも相応の金銭的負担を確保した。その甲斐あって、生徒はなんとか生活を立て直し、卒業までこぎつけることができたという。

スクールソーシャルワーカーがいなかった頃なら、この生徒は中退していた可能性もある。教育と福祉が連携できるというのは、非常に大きなことなのだ。

この学校では当初、スクールソーシャルワーカーの来校頻度は月1回だったが、それではまったく足りず、養護教諭らが要請して現在は週1回になったという。

スクールソーシャルワーカーの側の意見も見ておこう。

四国の公立小中学校で活動するスクールソーシャルワーカーの女性は、「養護教諭は教科担任よりアンテナが高いし、外部との窓口として、教科担任や児童生徒、家庭との橋渡し役として一緒に活躍してくれる人が大半で、事例の多くで頼りにしています」と言う。

ただ、こうも付け加える。

「理想としては、管理職にも進言したりアプローチしたりしてほしいところですが、学校組織に埋没している印象を受けることもあります」

もちろんすべての養護教諭に当てはまるわけではないが、もし先に触れたスクールカーストに萎縮しているのだとしたら、子どもたちへの支援の足かせになる。今後スクールソーシャルワーカーが広く配置されて、さらに保健室の機能を生かすためには、養護教諭の役割の重要性が今以上に認識されるべきだし、萎縮してきた養護教諭も誇りを持って、主張すべきは主張してもらいたい。

まちかど保健室を各市町村に

ここまで保健室をめぐる課題を色々と書いてきたが、それらを踏まえて、私が願っていることがある。

各市町村に一つ、「川中島の保健室」のようなまちかど保健室があってほしい、ということだ。

学校の保健室とは直接関係ない話じゃないか、と思う人もいるかもしれないが、そんなことはない。むしろ、学校の保健室が抱える弱みを補完できる存在となる。

川中島の保健室は、子どもにとってはもちろん、保護者にとって、そして現役の養護教諭にとっても、駆け込み寺となっているのだ。それぞれについて説明したい。

まず、対子どもという点では、第4章の寺田さんの例からもわかるように、学校の保健室と違って年齢制限がないという利点がある。卒業なり中退なりで中学校や高校を離れ、保健室という居場所を突然失った時に不安定になる未成年の子がいる。もし在籍資格も期限もない保健室があれば、いざという時に孤立しないで済む。

また、在学中であっても、自分の学校の養護教諭はしっくりこないということもありうるだろう。そんな時にも、もう一つの保健室が地域にあれば心強い。

私が川中島の保健室にお邪魔したある時、直前に来たという、一人の女子高校生の話を白澤さんがしてくれた。高校の養護教諭に相談してもモヤモヤが晴れず、その養護教諭に川中島の保健室のことを教えてもらって、学校をサボって来たらしい。彼女は白澤さんとのやりとりで心が軽くなったらしく、すっきりした表情になって「これから学校に行きます」と自転車で去っていったという。

サボりをたしなめるのでなく、悩みを取り除いてあげて、自発的な登校につなげる。子どもと向き合って半世紀という白澤さんの経験のなせる業だろう。

次に、対保護者だ。

川中島の保健室では最近、子どもの発達障害について保護者から相談を受けることが多い。

白澤さんは「学校も必死にやっているけど、そういうお子さんがたくさんいて、対応できるだけの人数がいないんです」と言う。

やってくる保護者たちの姿からは、問題そのものは子どものことであっても、実は子育てをする大人が心細く、つながりを求めていると感じるそうだ。

川中島の保健室との関わりを通して、保護者まで変化するケースもある。

以前白澤さんが、児童館から「中学生に性体験の話ばかりして困る」と相談された女子高校生がいた。本人に会うと、お腹が大きくて妊娠しているらしい。白澤さんが母親に連絡すると、お金の話をするばかりで、きちんと対応しようとしない。

結局、白澤さんが懇意にしている産婦人科医の元へ女子を連れていったが、すでに中絶できない段階に入っていた。白澤さんは彼女を支えるとともに、母親とも何度も話をして、「お母さん、このことをいい機会に彼女とたくさん話をしてね」と伝えた。

出産後しばらくたって、母親から電話があり、「娘は落ち着いて、今は短大に行っています。ありがとうございました」と丁重に礼を言われたという。

「女の子もだけど、お母さんがこんなに変わるかというくらい変わりましたよ」と白澤さんは振り返る。白澤さんの親身なサポートが、母子の心を動かしたのだろう。

最後に、対養護教諭だ。

白澤さん自身「私を複数配置の一人と思ってくれればいい」と語るように、川中島の保健室には、現役の養護教諭からの相談がしょっちゅう寄せられる。

第4章で触れた「性はグラデーション」のような性教育の依頼は、その一つだ。生徒の性のトラブルが発生した時に、緊急の授業をお願いされることもある。

もっと日常的には、「不登校の子の保護者対応をどうしたらいいか」「教材を貸してほしい」というような問い合わせがある。若い養護教諭から電話で、男子が性器を強く打ってしまって泣いているけど冷やしたほうがいいのか、といった緊急のSOSが入ることもある。白澤さんは、「先生が少しでも楽になれば、子どもたちのためにもなる」と、快く受ける。

逆に、白澤さんがすくい上げた相談事を、当事者の了解を得て、関係する養護教諭につなぐこともある。さらに、白澤さんの手に負えないことが出てくれれば、白澤さんが築いてきたネットワークを生かして専門家につないでいく。

子どもをめぐる支援の輪が、学校と地域とでぐんと広がるというメリットもあるのだ。

川中島の保健室には、全国から、退職した養護教諭らの視察がある。

新たなまちかど保健室も、少しずつではあるが各地に生まれてきている。公共施設で曜日を決めて開き、不在の日は置いてあるノートで相談をやりとりするスタイルもあれば、複数人で日替わりに対応するスタイルもあるという。

それ自体は喜ばしいが、どんなやり方にせよ、長期計画に基づく見通しと、相談者を投げ出さない責任感がないと成り立たず、簡単にできることではない。

そして何より、活動資金がないと続かない。白澤さんは無料で相談を受けているが、貯金を切り崩す覚悟がなかったら、とても真似できないことだ。

そこを行政がバックアップできないだろうか。そうすれば、もっと各地に広がり、長続きするのではないか。養護教諭の複数配置を一気に進めることは予算の関係で難しくとも、それに比べたら、まちかど保健室をまず設けることならハードルが下がる。

まちかど保健室が三つある長野県では、昨年度からさらなる設置推進のため、関係者による研修を支援する事業を始めた。今年度は30万円の予算を確保しているという。各人への活動費の補助は現時点では考えていないというが、いっそうの拡充を求めたい。

退職後に地域の中で経験を生かしたい、と考える養護教諭はいる。その先の選択肢として、まちかど保健室が広まってくれればいいと思う。

保健室は子どもを救う最前線

児童は、人として尊ばれる。
児童は、社会の一員として重んぜられる。
児童は、よい環境の中で育てられる。

1951年に、日本国憲法にのっとって制定された「児童憲章」の冒頭だ。

制定から65年を経た今、この国の子どもたちの状況を考えると、児童憲章の理念が実現しているとは言いがたい。その大きな原因として、貧困がある。

私が取材で見てきた事例も、表出の仕方こそ違えど多くの問題が貧困と絡んでいる。

貧困のなかで育つということは、「人として尊ばれ」「社会の一員として重んぜられ」ていると思えるような自己肯定感を奪いがちだ。環境については言わずもがなだろう。

ただ、ここにきてようやく、社会の意識は「子どもの貧困」に向いてきた。

特に「子ども食堂」は流行語に選ばれてもおかしくないほど急速に広まり、地域のパワーとして頻繁に報道されている。

一方、学校はどうだろう。

政府が2014年8月に閣議決定した「子どもの貧困対策に関する大綱」では、学校を子どもの貧困対策のプラットフォームとして位置づけている。

だがそこに掲げられた、学校を窓口とする福祉関連機関などとの連携について、「学校の垣根が高く、他の行政機関、民間のNPOなどとの連携が進まないという嘆きが全国から聞かれ」るという指摘がある（青砥泰＋さいたまユースサポートネット編『若者の貧困・居場所・セカンドチャンス』）。

ある元中学校教諭は、こどもの日の新聞社説を読んだところ、貧困の連鎖を断ち切るのに地域支援を取り上げるばかりで、もはや「学校は何をしているんだ」という批判さえなくなって学校は見限られたようだ、と語っていた。確かに、学校関係で最近メディアの耳目を集めた話題といえば、組体操や部活動顧問の「ブラック」ぶり、あたりだろうか。

ただ、社会が地域の善意だけをもてはやすようになったら危険だ。「子ども食堂」が全国どこにでもあるわけではないように、居住地域によって救われたりそうでなかったりというばらつきが生じてしまう。まちかど保健室についても、同じことが言える。

それに、第2章の相葉さんを見てもらえばわかるように、厳しい状況にある子ほど、地域支援につながりにくい。自力では情報に到達できないというのもあるし、養護教諭などのコーディネーターがいてさえも、わずかな参加費や交通費がなく、行動する要件（気力、体力、時間など）も揃わないことがある。

結局、全国どこでもほぼすべての子にリーチできる学校で、子どもに手を差しのべることをおろそかにしてはいけないのだ。

だからこそ改めて、学校の中にある保健室に目を向けてもらいたい。地味な存在だが、まるで児童憲章の理念を体現するような場ではないだろうか。

中学校の保健室であれば3年間という期間限定の支援ではあるが、思春期のその3年間が、子どもにとってどれほど大きなものか。貧困にとどまらず、虐待だったり、あるいは性の問題だったりで自己肯定感を損なっていた子には、その後の生き方を変えるほどのものとなる。

そのうえで卒業後の生徒のケアをはじめ、学校の保健室だけでまかなえない部分について地域と連携できれば、支援は一層広がりのあるものとなるだろう。

養護教諭の仕事ぶりを間近で見て思ったのは、どんなに素晴らしい取り組みをしていても、「子どものためにと当然のことをしているまで」という意識が本人たちにあるせいか、あまりに学校内外にアピールされず、知られていないことが多いということだ。

保健室はもっと、目を向けられるべき存在だ。それは、誰に讃えられずとも職務に励む養護教諭のためばかりでない。

養護教諭が日々キャッチしているのは、社会への発信力のない子どものSOSだ。

私たちは保健室を介して、見えづらいこのSOSを受け止めるべきだと思うからだ。

保健室を取りまく環境は厳しい。しかし、子どもの心身を「養護」することは、この国の未来に直結する投資でもある。

「はじめに」に書いたことを、もう一度繰り返したい。

保健室が、子どもたちを救う最前線として認識され、その力をさらに発揮できるようになることを願う。この社会はそれだけで今よりずっと良くなるはずだ。

おわりに

どうして子どもたちは、保健室の中だとこんなに自然体になるのだろう。

これまで触れてきたように、成績で評価されないから、とか、否定されないから、というのはもちろんある。でもそれだけだろうか。

さながら「透明人間」のように中学生と養護教諭のやりとりを眺めているうち、はたと気づいた。生徒だけではなく、対する養護教諭に、取り繕うようなところがないのだ。

心にないことは言わない。わからないことはわからないと認める。子どもだからと下に見ることなく、一人の人間として尊重する。相談に対しては「どうしたの」と耳を傾け、熱っぽいと言われれば「どれどれ」と額に手で触れ、五感と神経をフル稼働して向き合う。

言葉にすると簡単なようで、どれだけの大人が実践できるだろうか。

この〝発見〟を養護教諭に伝えると、相手は「そんな当たり前のことかー」と笑った。

「養護教諭が飾らない自分でいないと、生徒はありのままを出せないんじゃないかな。だって相手が飾ると自分も飾らなきゃいけなくなりますから。やっぱり保健室って、生徒のありのままを受けとめる場なので」

ありのままの関係性。それこそが、保健室の一番の魅力だった。その関係性があるから、誰もが見逃すような小さなSOSが、ここでは表面化するのだ。

私が保健室に魅了されるようになって6年が経つ。ただ、この間、ずっと現場取材が続いていたわけではない。私事が混じって恐縮だが、少し説明しておきたい。

保健室の取材を始めた頃、私は新聞記者をしていた。社会部の教育担当記者として、今どきの子どもを追う連載に仕立てようという趣旨だった。

連載の開始予定は2011年4月頃と決まっていた。しかし東日本大震災が起こり、紙面は震災一色に。保健室の企画も見送られることとなる。その後しばらくして私自身がうつ病に倒れたことなどもあって、結局、企画が連載として日の目を見ることはなかった。

退社してフリーになってからも、いつか必ず形にしたいという考えは脳裏から離れなかった。特に、第2章に登場した相葉萌さん（仮名）は、保健室に支えられた被虐待児として、口に出すのもつらいであろうことを文字どおり精一杯語ってくれていた。何かの役に立つなら、と私信もすべて公開を許してくれた。私の記憶に眠らせてしまっては無責任に過ぎるという思いは、今回の書籍化の原動力となっている。

取材が再度動きはじめたのは2015年のことだが、準備段階から、学校に入っての取材がプライバシーの問題でますます難しくなっていることを痛感させられた。

それでも事を運ぶことができたのは、すでに取材させてもらっていた人たちの多大な尽力や励ましがあったからだ。そして、現場の実情をもっと知ってもらいたいという志ある学校の先生たちとも新たにつながることができた。

4年の間にも、保健室は大きく変わっていた。

取材を再開した当初、私はルポの仮題を「少女たちの保健室」にしようか、くらいの頭でいた。だが、いざ蓋を開けてみると、第5章で書いたように男子の姿ばかりが目立つようになっていて、あっけにとられた。

貧困や虐待の問題も、より深刻化していた。そうした問題が広く知られるようになり、養護教諭や取材者である私が、そうした目を昔より持つようになったことも影響しているかもしれない。

取材者として、歳月が経ったからこそ持ち得た視点もあった。保健室の常連だった子たちの「その後」についてだ。相葉さんの話にしても、新聞連載が予定どおりに掲載されていたら、高校進学という美談で終わっていた可能性が高い。

結果として、長期的に追うことができたのは良かったと今になって思う。

本書に登場する子どもたちは、生きづらさをそれぞれに背負っている。ただ彼らにとって救いなのは、保健室にたどり着くことができ、真摯に向き合ってくれる養護教諭と出会えたことだろう。本書の学校や子どもたちは、決して特別な存在ではない。同じように苦しんでいる子どもたちが、通っている学校次第では救われない、ということがないようにするのは、大人の喫緊の責務だ。

保健室でありのままの関係性を見せてくれた養護教諭と生徒（元養護教諭と元生徒）に、最大限の感謝を捧げたい。取材では、保健室で1日11時間を過ごしたこともあるほど、養護教諭の業務に負担をかけた。それでも快く取材に応じてくれ、帰路はいつも胸が熱くなった。どの先生からも、子どものことを伝えたいという情熱がほとばしっていた。また、お一人ずつ名前を記すことができないのが心苦しいが、本書の趣旨に賛同し、取材に協力してくれた多くの方々にお礼を申し上げたい。

そして、丁寧に拙文を見てくれた朝日新書編集者の星野新一さん、出版の意義を認めてくれた編集長の宇都宮健太朗さん、本書を世に送り出してくれてありがとうございました。

主な参考文献

『教師のための教育保健学――子どもの健康を守り育てる実践と理論』日本教育保健学会編　東山書房
『四訂 養護概説』三木とみ子（編集代表）　ぎょうせい
『養護教諭の社会学――学校文化・ジェンダー・同化』すぎむらなおみ　名古屋大学出版会
『子どもの貧困と教育機会の不平等――就学援助・学校給食・母子家庭をめぐって』鳫咲子　明石書店
『子どもの貧困――日本の不公平を考える』阿部彩　岩波新書
『子どもの貧困Ⅱ――解決策を考える』阿部彩　岩波新書
『子どもの貧困連鎖』保坂渉・池谷孝司　新潮文庫
『「生存者」と呼ばれる子どもたち――児童虐待を生き抜いて』宮田雄吾　角川書店
『子を愛せない母　母を拒否する子』ヘネシー・澄子　学研教育出版
『子ども虐待』西澤哲　講談社現代新書
『子ども虐待という第四の発達障害』杉山登志郎　学研教育出版
『子ども虐待と家族――「重なり合う不利」と社会的支援』松本伊智朗編著　明石書店
『子ども虐待と貧困――「忘れられた子ども」のいない社会をめざして』松本伊智朗編著　明石書店
『ドキュメント高校中退――いま、貧困がうまれる場所』青砥恭
『若者の貧困・居場所・セカンドチャンス』青砥恭＋さいたまユースサポートネット編　太郎次郎社エディタス
『LGBTってなんだろう？ ―からだの性・こころの性・好きになる性』薬師実芳・笹原千奈未・古堂達也・小川奈津己　合同出版
『どうしたの――養護教諭四〇年のあゆみ』白澤章子

『家庭や学級で語り合う スマホ時代のリスクとスキル――スマホの先の不幸をブロックするために』竹内和雄 北大路出版
『男子の性教育――柔らかな関係づくりのために』村瀬幸浩 大修館書店
『保健室登校で育つ子どもたち――その発達支援のあり方を探る』数見隆生・藤田和也編 農文協
『危機の思春期 再生の思春期――寄りそう保健室の記録』子どもの危機と養護教諭の仕事を考える会 草土文化
『教育の臨床エスノメソドロジー研究――保健室の構造・機能・意味』秋葉昌樹 東洋館出版社
『「家族」という名の孤独』斎藤学 講談社＋α文庫
『スクールソーシャルワーカーの学校理解――子ども福祉の発展を目指して』鈴木庸裕編著 ミネルヴァ書房
「養護教員の歴史物語り」杉浦守邦（『健康教室』2004年7月号～2005年10月号 東山書房）
『児童心理』2013年10月号 金子書房
『学校の中の「性別違和感」を持つ子ども――性同一性障害の生徒に向き合う』中塚幹也

秋山千佳 あきやま・ちか
1980年生まれ、東京都出身。早稲田大学政治経済学部卒業後、朝日新聞社に入社。記者として大津、広島の両総局を経て、大阪社会部、東京社会部で事件や教育などを担当。2013年に退社し、フリーのノンフィクションライターに。子どもや若者の生きづらさをメインテーマに取材・執筆している。著書に『戸籍のない日本人』(双葉新書)。

朝日新書
576

ルポ 保健室《ほけんしつ》
子《こ》どもの貧困《ひんこん》・虐待《ぎゃくたい》・性《せい》のリアル

2016年8月30日第1刷発行

著　者　秋山千佳

発行者　友澤和子
カバーデザイン　アンスガー・フォルマー　田嶋佳子
印刷所　凸版印刷株式会社
発行所　朝日新聞出版
〒104-8011　東京都中央区築地5-3-2
電話　03-5541-8832（編集）
　　　03-5540-7793（販売）

Published in Japan by Asahi Shimbun Publications Inc.
ISBN 978-4-02-273676-5
定価はカバーに表示してあります。